Margaret Jensen

Erst mal 'ne Tasse Kaffee!

Für Mamas andere Kinder:
Bernice, Grace, Gordon Lund, Doris, Joyce Solveig, Jeanelle

Auch wenn wir durch den Tod oder viele Kilometer getrennt sind, so bleiben wir doch stets durch das himmlische Band der Liebe verbunden. Wir sind als Geschwister geboren worden und wurden zu echten Freunden. Ich danke Gott für alle gemeinsamen Erinnerungen.

Margaret Jensen

Erst mal 'ne Tasse Kaffee!

Die wahre Geschichte einer norwegischen
Einwanderer-Familie in Amerika

Brunnen-Verlag · Basel und Gießen

ABCteam-Bücher erscheinen in folgenden Verlagen:

Aussaat Verlag Neukirchen-Vluyn
R. Brockhaus Verlag Wuppertal
Brunnen-Verlag Basel und Gießen
Christliches Verlagshaus Stuttgart
(und Evangelischer Missionsverlag)
Oncken Verlag Wuppertal und Kassel

Die Bibelzitate wurden der Lutherbibel 1984 entnommen.

Titel der Originalausgabe: ‹First We Have Coffee›
Erschienen 1992 bei Here's Life Publishers, Inc. (19. Auflage),
San Bernardino, California
© 1982 by Margaret Tweten Jensen

Aus dem Amerikanischen von Mechthild Bruchmann

3. Auflage Dezember 1994
© 1993 by Brunnen-Verlag Basel

Umschlag: Markus Frehner, Wollerau
Satz: Uhl & Massopust, Aalen
Druck: Clausen & Bosse, Leck
Printed in Germany

ISBN 3-7655-1563-9

Inhaltsübersicht

Einleitung

Sonntag, der 16. Januar 1977, 14 Uhr. Gegen den eisigen Wind angehend, streben jung und alt zur Baptisten-Kapelle in Stoneville, North Carolina. Fünf Schwestern nehmen mit ihren Familien in den vorderen Reihen Platz. Als die Älteste genieße ich, Margaret, die Nähe von den übrigen noch lebenden Töchtern Mamas besonders; es sind dies Grace, Doris, Joyce und unser «Nesthäkchen» Jeanelle.

Der ruhige Gottesdienst steht in starkem Kontrast zum Schneesturm, der draußen um die Kirchenmauern tobt. Reverend J. Ward Burch spricht uns Gottes Gegenwart zu. «Euer Herz erschrecke nicht», liest er. Dann singt er mit uns die alten, vertrauten Choräle und zitiert zwischen den Liedversen tröstende Bibelverse.

Diese Glaubenszuversicht tut uns wohl, und so folgen wir schweigend dem grauen Sarg in die Kälte hinaus. «Wie gut, daß Mama es warm hat», muß ich denken. «Sie spürt diesen eisigen Wind nicht mehr, der an die Winter in Saskatchewan erinnert.»

Einige Minuten später tasten sich unsere Autos vorsichtig über die gefrorene Straße zur Familiengrabstätte. Die Überdachung ächzt im Wind. Ich muß an Kanada denken und an Mamas selbstgestrickte Unterhosen, die sie immer sorgsam unter ihrem wallenden Kleid verborgen hatte. Ich meine, ihre Hand zu spüren, während ich durch den Schnee zu ihrer letzten Ruhestätte stapfe. War der kanadische Wind etwa bis nach North Carolina vorgedrungen, um Mama Lebewohl zu sagen?

Der kleine Friedhof birgt zwei ältere, verschneite Gräber. In Mäntel und Schals gehüllt, fassen wir uns um das offene Grab herum bei den Händen und gedenken unserer beiden geliebten Toten, zu denen sich Mutter nun gesellt; unsere Gedanken wandern zu Vater und zu unserem einzigen Bruder, Gordon.

Von hier aus kann man das große Haus meiner Schwester Doris und ihres Mannes David Hammer sehen. Wie ein Wachtposten hebt es sich vom Horizont ab. Der Schornstein schickt dicke Rauchwolken zu den schneebedeckten, bewaldeten Hügeln. Auf der anderen Straßenseite schläft Mamas gelbes Haus einsam und leer. Die Kaffeekanne ist kalt...

Der drohende Wind kann die majestätischen Worte nicht verwehen. Sie klingen wie ein Echo durch das Tal und kehren immer wieder zu uns zurück: «Herr, du bist unsere Zuflucht für und für. Gutes und Barmherzigkeit werden mir folgen mein Leben lang, und ich werde bleiben im Hause des Herrn immerdar.»

Langsam schreiten wir auf das große Haus zu, wo Holzscheite im Kamin knistern und es nach Kaffee duftet. Während wir uns alte Geschichten erzählen und vertraute Lieder singen, füllen die Innigkeit von Freundschaft und geliebte Erinnerungen unsere Herzen.

Mit der Kaffeetasse in der Hand trete ich an den Kamin und blicke in die Flammen. Eine wohltuende Liebe und Wärme durchströmt mich. Ich weiß, Mama lebt irgendwo jenseits des Sturms, geschützt und geborgen im Hause des Herrn — für immer.

Und im selben Moment wird mir klar, daß ich Mamas Geschichte niederschreiben muß; ihre Geschichte und die ihres norwegischen Kaffees, den sie immer mit der gleichen wohltuenden Liebe ausgeschenkt hat.

Als Älteste kann ich mich noch an so vieles erinnern... Mamas Geschichte begann für mich an jenem Tag, als ich

Mamas norwegisches Tagebuch in der rechten Ecke einer alten Truhe ausfindig machte — aber bevor ich damit beginne, trinken wir doch erst mal 'ne Tasse Kaffee!

Kapitel eins

Das Tagebuch

Es kommt mir vor, als ob es erst gestern gewesen wäre: Das schwarze Buch in der Hand, fordere ich meine Schwester Grace leise auf, die Türe des Dachbodens zu schließen.

Da sitzen sie gespannt vor mir: meine Schwestern mit ihren Freundinnen. Gemeinsam schwören sie, niemandem je auch nur ein Sterbenswörtchen zu verraten. Ich entfalte das Skriptum eines verborgenen Dramas. Ja, in jenen dreißiger Jahren schufen wir unsere eigenen, bühnenreifen Theaterstücke...

Aus Mamas Tagebuch, das sorgfältig in der rechten Ecke einer alten Truhe versteckt gewesen war, lieferte ich eine ziemlich freie Übersetzung aus dem Norwegischen ins Englische und enthüllte eine Geschichte aus Romantik und Intrigen, die eigentlich einen Oscar verdient hätte.

Aus den Seiten des schwarzen Büchleins tauchte vor uns meine Mutter, Elvine Johannessen, auf, wie sie als Fünfzehnjährige auf dem Deck des majestätischen Ozeandampfers *The United States* stehend von ihrer Heimat Abschied nahm.

Unter Tränen blickte sie auf die norwegische Stadt Lista und grub alle glücklichen Erinnerungen an Fjorde, Mitternachtssonne und Fischerboote tief in ihr Gedächtnis ein. Vielleicht würde der Ozean ja die vielen schmerzlichen Erlebnisse ihrer Kindheit hinwegspülen. Wie die Wellen gegen das Schiff, so schlug Bitterkeit gegen Elvines Herz. Doch

10

solange die Wellen draußen blieben, bestand keinerlei Gefahr. Bitterkeit jedoch bringt Zerstörung mit sich — wie Wellen, die ins Innere dringen.

Elvine richtete ihren Blick auf die Zukunft; in Amerika erwarteten sie ihre schöne, geheimnisvolle Mutter und ihr geliebter Bruder Joe, der ihr vor einiger Zeit über den Ozean vorausgefahren war.

Als die Sonne im Meer versank und der Mond seine silberne Bahn über die Wellen zog, kam Elvine ins Grübeln. Warum hatte ihre Mutter Joe und sie verlassen und war nach Amerika geflohen? Damals war sie erst fünf Jahre alt gewesen. Eines Tages würde sie es sicherlich erfahren. Tief in Elvines Herz lastete die quälende Erinnerung an ihren Aufschrei: «Mor, Mor!» (Mutter, Mutter!) Aber ihre Schreie waren ungehört verhallt. Ihre schluchzende Mutter hatte sich immer weiter von ihr entfernt, um nie wieder zurückzukehren. Die gestrenge Tante hatte sie ärgerlich gescholten: «Nenne sie nie wieder Mutter, nenne sie Tilda.»

Doch mit erhobenem Kopf hatte Elvine trotzig ihren Besitzanspruch geltend gemacht: «Min mor!» (Meine Mutter!)

Fröstelnd zog Elvine den gestrickten Schal fester um ihre Schultern und folgte den übrigen Einwanderern aufs Deck. Der mächtige Ozeanriese fuhr in das Hafenbecken von New York ein. Vor ihren Augen erhob sich die schöne Lady, die amerikanische Freiheitsstatue. Vor ihr lag das Land der Freiheit und der Hoffnung.

Am nächsten Tag kam sich Elvine ganz klein und verlassen vor inmitten des Heers von Beamten, welche die berüchtigten, endlosen Einwandererkontrollen durchführten. Aber all das trat beim Anblick ihrer schönen, eigenwilligen Mutter in den Hintergrund, die ungeachtet jeglicher Tradition nach Amerika ausgewandert war. Eines Tages würde sie darüber Näheres erfahren. Für heute aber genügten ihr die drei Wörter ihrer Mutter: «Min kjare Elvine» (Meine liebe Elvine).

Elvine begann ihr neues Leben in Amerika als Hausmädchen bei einer reizenden jüdischen Familie in der Park Avenue in New York City. Dort nannte sie sich Ella. Die gebildete Frau des Hauses weckte in ihr die Liebe zu Büchern, zur Musik und zur Poesie. So arbeitete sie mit den Händen und lernte dabei mit dem Herzen.

In einem dunkelblauen Kleid, die Bibel in der Hand, schritt Miss Ella zur Baptisten-Gemeinde, um den neuen Pastor, Reverend Elius N. Tweten, predigen zu hören. «Was für blaue Augen!» dachte sie. Sein blondes Haar war aus der klaren, hohen Stirn gekämmt. Als der junge norwegische Pastor — ein Waise und erst seit wenigen Jahren in Amerika — den Blick über seine erste Gemeinde schweifen ließ, entdeckte er Miss Ella — und mit ihr die schönsten Augen, die er je gesehen hatte. In demselben Augenblick beschloß er: «Das wird einmal meine Frau!»

Was mit einer Unterhaltung bei einer Tasse heißer Schokolade nach dem Gottesdienst begann, endete nur drei Monate später mit einer Hochzeitsfeier ...

«Margaret, ich wußte gar nicht, daß du so gut norwegisch kannst. Du solltest von jetzt an nicht nur den englischen, sondern auch den norwegischen Gottesdienst besuchen!»

Mama stand in der Tür und machte unserem Spaß ein jähes Ende. Sie nahm mir das Buch aus der Hand und fügte mit feuchten Augen sanft hinzu: «Eines Tages werde ich euch den Rest der Geschichte erzählen.»

Das Tagebuch sah ich nie wieder.

Kapitel zwei

Der Ruf

«Sir!» Der Bibliothekar beugte sich über Papas Schulter und unterbrach ihn beim Lesen. «Wir schließen. Sie müssen jetzt gehen.»

«Oh!» Papa blickte erstaunt auf und konnte es kaum glauben. War es wirklich schon so spät? Wie üblich hatte er wieder einmal die Zeit vergessen. Doch heute hätte ihm das einfach nicht passieren dürfen. «Gestern habe ich geheiratet, und ich vergaß völlig...»

Papa erwischte gerade noch die letzte Bahn nach Brooklyn. Als er in der Tür ihrer ersten gemeinsamen Wohnung stand, erinnerte sich Mama an den Rat ihrer Mutter, den diese ihr am Morgen noch gegeben hatte: «Akzeptiere ihn so, wie er ist, nur dann wirst du glücklich. Er liebt Gott, die Bibliotheken und dich — in dieser Reihenfolge. Und noch eines: Halte immer ein Essen für ihn im Ofen bereit!»

Das Essen warm halten — ja, das tat sie!

Sie liebte ihn, diesen jungenhaften Prediger aus Norwegen, der von seiner Gemeinde in Oslo zum Studium nach Chicago ins Morgan-Park-Seminar geschickt worden war. Er hatte hart gearbeitet — hatte Heizkessel angefeuert und gekellnert —, um damit sein Studium, seine über alles geliebten Bücher und sein Abschlußexamen zu finanzieren.

Ich weiß nicht, ob Mama damals an ihrem Hochzeitstag ahnte, was Papas «Ruf» einmal für sie bedeuten würde. Er beinhaltete weit mehr als lediglich das Evangelium zu verkündigen und einer Gemeinde zu dienen. Dieser «Ruf» bedeutete für Mama, immer wieder ihre Sachen zusammenzupacken und von einer Gemeinde zur nächsten zu ziehen. Es hieß jedesmal, den vertrauten Boden zu verlassen und einen neuen zu suchen und zu beackern. Der «Ruf» verlangte von Mama, ihrem charmanten Pastoren-Ehemann zu folgen, der derart vergeistigt war, daß in seinem Kopf kein Raum für die praktischen Dinge des Alltags blieb. Es dauerte gar nicht lange, bis Papa erstmals einen mächtigen «Ruf» verspürte. Das Werk des Herrn in Wisconsin brauchte Elius Tweten.

Der Zug fuhr in den Bahnhof von Woodville, Wisconsin, ein. Mama mit ihrem breitrandigen Hut, langem Mantel und hohen Knopfstiefeln begutachtete ihre neue Umgebung. Papa hatte den Ruf zu predigen. Mamas Ruf bestand darin, in dieser Wildnis für ihre Familie ein Zuhause zu schaffen. Der Überlebenskampf hatte die Immigranten, die zu unserem Empfang gekommen waren, widerstandsfähig wie Eichen gemacht. Er hatte sie zu Säulen der Rechtschaffenheit geformt, die den Stürmen des Frühlings und den Schneegestöbern des Winters standhielten. Die Härten des Lebens hatten sie derart hart gemacht, daß ihnen die verborgenen Nöte einer einsamen jungen Ehefrau entgingen, die gerade dabei war zu entdecken, daß ihr Mann in einer völlig anderen Welt lebte — in der Welt seines Rufs, seiner Bibel, seiner Bibliotheken und seiner geliebten Secondhandbuchläden. Sein wißbegieriger Geist verlangte nach Büchern, wie die Wüste nach Wasser dürstet. Nie nahm er Mama bei der Hand und ging mit ihr spazieren, um mit ihr zusammen die schöne Umgebung zu bewundern. Er liebte Mama im stillen. Und sie verstand ihn.

An Vorhänge und Fensterbänke heftete Mama Gedichte. So füllte sie ihr Herz mit Musik und Poesie, während ihre Hände unermüdlich arbeiteten. Sie nähte, schrubbte, backte, besuchte Kranke und Einsame und mischte auf diese Weise Liebe und Erbarmen unter Papas Theologie.

Hier wurde ich, Margaret Louise, geboren — genau an

Bestemor (Großmutter) Bertildas Geburtstag, am 18. April 1916. Mama überschüttete mich mit all der Liebe, die sie selbst entbehrt hatte, indem sie mir unzählige Lieder vorsang und ellenlange Geschichten erzählte. Sie sang das norwegische Lied *So Ro Til Fiske Shar* ebenso wie das amerikanische *Rock-Bye Baby*. Ich durfte sie auf ihren Fahrten begleiten. An ihre Hüfte gebunden schmiegte ich mich eng an sie, wenn sie aufrecht auf dem Pferdebuggy saß und die Zügel der Pferde schnalzen ließ.

Papa ritt als Bezirksprediger über Hügel und durch Wälder zu seinen verstreuten, abgehärteten Gemeindegliedern, bis ihn der «Ruf» nach Jahren erneut traf.

Der «Ruf» brachte uns zurück nach Brooklyn. (Bestemor mußte wohl ein SOS gen Himmel geschickt haben!)

Der Dezember eilte mit den üblichen Weihnachtsvorbereitungen dahin, aber er brachte auch einige unvorhergesehene Komplikationen mit sich. Mama erwartete wieder ein Kind. Ich war gerade von Diphtherie genesen und aus der Isolierstation des Krankenhauses entlassen worden. Unsere zweijährige, goldblonde Bernice schlüpfte heimlich in Papas Studierzimmer und machte ungleichmäßige Reihen mit seinen wertvollen Büchern. Dann kletterte sie seelenruhig auf Papas Schoß und ließ sich von ihm zu einem norwegischen Lied hin und her wiegen. Dabei kaute sie genüßlich ein Stück von Bestemors köstlichem Weihnachtskuchen und murmelte behaglich: «Dut, dut (gut, gut).»

Wenige Tage später eilte Papa erneut zur gefürchteten Isolierstation, ein hilfloses Bündel in seinen Armen. Bernice hatte Diphtherie bekommen.

Arme Mama! In jener Nacht, dem 23. Dezember 1919, wurde Grace geboren. Neun Tage später heulten die kalten Atlantikwinde über den schneebedeckten Friedhof, auf dem drei einsame Gestalten um einen winzigen Sarg herum standen. Mama pflegte zu Hause neues Leben, während Papa,

15

Pastor Otto Hansen und Mamas Bruder Joe Bernice zur letzten Ruhe geleiteten.

Vor Kälte zitternd, las Pastor Hansen Johannes 14,1: «Euer Herz erschrecke nicht!»

Joe stand neben Papa, still trauernd. Papa hörte noch Mamas letzte Anweisungen, die sie ihm schluchzend mit auf den Weg gegeben hatte: «Zieh Bernice die Wollsocken an, und vergiß ihre Decke nicht.» Dann hatte sie sich zur Wand gedreht und alleine geweint, das schlafende Baby Grace neben sich.

Pastor Hansen fuhr fort: «In meines Vaters Haus sind viele Wohnungen.»

«Ja, das ist wahr», dachte Papa. «Ich muß mehr über den Himmel predigen. Auf der Erde gibt es so viel Kummer.» Er konnte noch das weiche, goldene Haar seines Kindes auf seinen Wangen fühlen, als er Bernice in den Schlaf gewiegt hatte. Die Socken? Ja, er hatte an die Wollsocken und die Decke gedacht, Mama zuliebe.

Joes Arm legte sich um Papas Schultern. «Komm, wir sollten gehen.»

O nein, er konnte nicht fortgehen und Bernice hier allein im eisigen Wind zurücklassen. Er mußte sie in der warmen Decke wiegen.

Pastor Hansens Stimme übertönte Papas Gedanken: «‹Ich bin die Auferstehung und das Leben.› Bernice lebt jetzt für immer.» Diese Worte hatte Papa vor vielen Jahren an einem anderen offenen Grab gehört. Jener Verlust war genauso schmerzhaft gewesen, und diesen Schmerz hatte er nie ganz überwunden: Es war die Verlassenheit eines neunjährigen Jungen, der nach seiner Mutter rief, die seine Welt verlassen hatte und in eine andere Welt gegangen war.

«Komm!» wiederholte Onkel Joe. Wir müssen jetzt nach Hause gehen. Mama wartet auf uns. Bernice ist bei Jesus.»

Wie stumme Schatten schlichen die drei Männer über den

gefrorenen Boden, während sich unzählige Schneeflocken auf dem winzigen Grabhügel niederließen.

Die kleine Wohnung war warm und hell erleuchtet. Bestemor hatte Kaffee gekocht. Mama stillte die kleine Grace. Ich half Bestemor und stellte die Zuckerdose auf den Tisch. Papa ging zu seinen Büchern und weinte leise, als er die unregelmäßigen Bücherreihen auf seinen Regalen sah.

Mamas junges Gesicht strahlte Ruhe und Frieden aus. Sie hatte ihren Kummer vor den Gnadenthron getragen. Auf Gottes Verheißungen war Verlaß. Sie hatte ihre Augen zu den Bergen erhoben und Hilfe bei Gott gefunden; eine handfeste Hilfe zur Zeit ihrer großen Not.

In den Bergen bevorzugen einige Alpinisten die Höhenwege. Sie wandern von Gipfel zu Gipfel, wo das Licht länger sichtbar ist. Andere wandern durch Täler und gehen in der Dunkelheit ihrer eigenen Schatten. Mama wählte die Höhenwege mit Gott. Sie wanderte im Licht seiner Gnade.

Ich nahm Bestemor bei der Hand und zeigte zum Himmel. «Gott hat mit uns getauscht. Er nahm Bernice und gab uns Grace dafür.» So gab ich meinen Kummer an Gott ab. Auch Bernice hatte einen «Ruf» bekommen.

Kapitel drei

Norwegische Feiertage in Kanada

Auf dem Bahnhof von New York City verabschiedeten wir uns von Bestemor und bestiegen den Zug — als Antwort auf den «Ruf» der First Norwegian Baptist Church in Winnipeg, Manitoba.

Nach einer nichtendenwollenden Reise begrüßte uns Herr Meyer vom Ellen Street Hotel mit einem herzlichen «Velkommen, Velkommen». Dann nahm er mich auf seine starken Arme und gab mir einen echt norwegischen Kuß. Dabei fuhr er mir mit seinem kaffeefeuchten Schnurrbart übers ganze Gesicht. Sein warmherziger Empfang war ein Vorgeschmack der Dinge, die noch kommen sollten. Jeden Sonntagmorgen mußte ich seinen feuchten Kaffeekuß über mich ergehen lassen!

Das graue Pfarrhaus hob sich wie eine Burg vom blauen kanadischen Himmel ab. Schnell trug ich meine Sachen ins Haus, um mich dann auf Entdeckungsreise in meine neue weite Welt zu begeben. Als es Abend wurde, fand ich mich im Fundbüro der Polizeistation von Winnipeg wieder.

Die Frau des Polizisten briet Fisch in einer großen schwarzen Pfanne, während ihr Mann ein Fußbad in einem Holzzuber mit heißem Wasser nahm. Jeder von uns hatte einen langen Tag hinter sich. Überglücklich kletterte ich dem Polizeibeamten auf den Schoß und beantwortete bereitwillig seine dienstlichen Fragen.

«Heute habe ich Geburtstag», verkündete ich stolz. «Ich bin jetzt fünf Jahre alt. Nein, mein Papa arbeitet nicht, er liest nur den ganzen Tag Bücher. Mama singt und erzählt Geschichten. Ich wohne in einer großen Burg. Herr Meyer verteilt Kaffeeküsse. Bestemor lebt in Brooklyn, New York. Ich bin mit dem Zug gekommen. Papa hatte einen Ruf. Hast du kein kleines Mädchen? Ich habe schrecklich Hunger.»

Der Polizist erzählte mir mit zitternder Stimme, daß seine fünfjährige Tochter vor kurzem gestorben sei. Inzwischen war die Fischmahlzeit fertig. Ich hatte dem Polizisten beim Füßeabtrocknen geholfen und ihm die Wollsocken und Pantoffeln gereicht. Am Tisch sprach ich ganz selbstverständlich ein Tischgebet und wandte Papas Theologie an: «Euer kleines Mädchen ist nicht tot. Sie wohnt im Himmel mit Bernice. Gott paßt auf sie auf, bis ihr einmal nachkommt. Papa sagt, wir müssen immer bereit sein. Der wichtigste Vers in der Bibel ist Johannes 3,16: ‹Denn also hat Gott die Welt geliebt, daß er seinen eingeborenen Sohn gab, damit alle, die an ihn glauben, nicht verloren werden, sondern das ewige Leben haben.› Ich singe euch ein norwegisches Lied vor: *Himmel og jord kan brenner*. Mama singt es immerzu. Es bedeutet: Alles kann vergehen, aber Gott verläßt uns nie.»

Mama hatte mir zwar schon viele Dinge beigebracht, aber noch nie hatte sie mir solch ein phantastisches Fischgericht serviert!

Plötzlich dröhnte die Stimme von Herrn Meyer von der Tür: «Vell, vell — hier haben wir ja unsern kleinen Ausreißer.» Hinter ihm kam Papa — und schon wieder ein Kaffeekuß!

Erleichtert verabschiedete ich mich von meinen neuen Freunden, umarmte sie und bedankte mich mit einem höflichen: «Vielen Dank für meine Geburtstagsfeier!» Als Pastorentochter wußte ich schließlich, was sich gehörte.

Auf der Suche nach Wohlstand und Abenteuer strömten junge Skandinavier — von den Baumfäller-Firmen angelockt

— scharenweise in die riesigen kanadischen Wälder. «Unterkunft und Verpflegung inklusive, Zahltag nach sechs Monaten» — das schien Reichtum und Wohlstand zu verheißen. Doch viele konnten das harte Leben und die unerträglichen Wohnverhältnisse nicht aushalten. Bitter enttäuscht und ohne einen roten Heller machten sie sich wieder auf die Heimreise. Unzählige klopften an der Tür des Pfarrhauses in der Ellen Street an.

Mama hieß sie stets alle willkommen. Für einen heimwehkranken Reisenden hatte sie immer eine Schlafstätte.

Ein jüdischer Kaufmann sammelte für Mama Musterstoffe. Sie nähte daraus Quiltdecken, die sie dann als Bettlager für uns Kinder auf dem Fußboden ausbreitete. Unsere Betten belegte Mama mit heimatlosen Immigranten und Missionaren. Ich war damals der festen Überzeugung, daß erst im Himmel jeder von uns sein eigenes Bett haben würde.

An zwei Tagen im Jahr sind für den Norweger all seine Mühen vergessen: am siebzehnten Mai, dem norwegischen Unabhängigkeitstag, und am Heiligen Abend.

Jedes Jahr wieder am siebzehnten Mai zogen wir unsere norwegische Nationaltracht an: rot-weiß-blau bestickte Kleider und Hauben. Die Jungen trugen dunkle Hosen, bestickte Hemden und Kappen. Musikkapellen spielten. Nach den Konzerten im Park ließen norwegische Politiker viele goldene Worte über den Ruhm der alten Heimat auf ihre Zuhörer herabrieseln, die jedesmal mit der ernsten Ermahnung endeten, der neuen Heimat Ehre zu machen.

Jeder teilte dieses harte Leben, und dadurch wurden die Lasten leichter. Jeder hatte Anteil am Erfolg, und dadurch verdoppelte sich die Freude. Wenn die norwegische Nationalhymne erklang: *Ja vi elsker dette landet* (Ja, wir lieben dieses Land), erinnerten sich die Menschen an das Land der Mitternachtssonne. Das spornte sie an, auch dem neuen Land hingebungsvoll zu dienen. Nach diesen Festen kehrten die

20

Einwanderer immer voll neuer Hoffnung für das kommende Jahr an ihre Arbeit zurück.

Und dann erst der Heilige Abend! Auch er belebte selbst die müdesten Glieder. Einen dieser Weihnachtsabende werde ich wohl nie vergessen.

Neben dem Pfarrhaus stand die alte Kirche. Ihr Kirchturm reichte bis zu den Sternen. Das warme Licht aus den vielen Fenstern ließ den Schnee wie Diamanten funkeln. Der ständige Wind der kanadischen Winter (fast vierzig Grad unter Null) fegte phantastische Muster auf die gefrorenen Fensterscheiben. In unserem Wohnzimmer stand ein riesiger, geschmückter Tannenbaum. Der Stern an der Spitze berührte die Decke. Die Zweige waren mit jeder erdenklichen selbstgebastelten und gebackenen Weihnachtsdekoration verziert worden. Kleine Kerzen in provisorischen Kerzenhaltern standen gleichmäßig verteilt um den riesigen Baum, der in der Mitte des Raumes stand. Heute war die schönste Nacht des Jahres!

Meine Schwester Grace, mein Bruder Gordon, unser jüngstes Schwesterchen Doris und ich waren alle sauber geschrubbt und steckten in neuer, weißer Flanell-Unterwäsche, unserem alljährlichen Geschenk. Gebadet wurden wir jede Woche. Das war für uns Routine. Papa schrubbte uns ab, Mama rubbelte uns trocken und ich, die große Schwester, durfte nach dem Bad das Wasser ausgießen.

An jenem Nachmittag wurden wir alle für einen Mittagsschlaf ins Bett gesteckt. Wie konnte man nur schlafen, wenn so viel Aufregung in der Luft lag? Aber der Mittagsschlaf mußte sein. Papa hatte es uns klargemacht und wachte nun neben der Tür.

Wer kann die Freude und Erwartung nach dem Mittagsschlaf beschreiben, die unsere Kinderherzen erfüllte, als wir uns für diese Nacht der Nächte ankleideten? Mama hatte natürlich die lange Unterwäsche für uns alle selbst genäht.

Jetzt wurden gestärkte Petticoats und Pumphosen mit Rüschen darübergezogen. Zum Schluß legten wir Mamas Meisterstücke an: unsere Weihnachtskleider. Die langen weißen Strümpfe, die sorgfältig an den gekauften Strumpfhaltern befestigt wurden, und die großen, steifen Haarschleifen, die farblich zu den Kleidern paßten, gaben unserer Aufmachung den letzten Pfiff.

Mama, unser Weihnachtsengel, hatte die alte Nähmaschine durch die stillen Nachtstunden rattern lassen und uns diese Kleider und andere kleine Geschenke angefertigt. Papa war während dessen mit den hustenden Kleinen auf dem Arm auf und ab gegangen, hatte ihnen endlose Predigten ins Ohr geflüstert und damit auf seine Weise unsere emsige Mama unterstützt.

Aber heute abend war ihre Arbeit getan. Wir alle waren gesund, und auf wunderbare Weise waren wir wieder ein Jahr lang mit allem Notwendigen versorgt worden. Mama hatte große Platten mit Lutefisk angerichtet. Er gehörte einfach zum traditionellen norwegischen Weihnachtsessen. Wir Kinder bettelten um Fleischbällchen, aber nur ein Blick von Mama genügte, und schon aßen wir Lutefisk, diesen glibbrigen, geschmacklosen Fisch. Herrliche Schüsseln mit Reispudding backten im Ofen des alten Küchenherdes. Dutzende von Mamas Broten und *Jule Kakke* (Weihnachtsküchlein) standen zum Auskühlen auf dem Küchentisch. Gemüse und Früchte brachten Farbe ins Festessen, ebenso wie die buntverzierten Weihnachtsplätzchen.

«Sie kommen!» rief Papa, als er Schritte auf dem knirschenden Schnee vernahm. Äußerst würdig stand Papa im schwarzen Anzug mit gestärktem Kragen an der Tür und begrüßte unsere Gäste. Wer war gekommen?

Nein, Verwandte waren es nicht, die wir zum Weihnachtsfest erwarteten. Dem «Ruf» folgend, wohnten wir weit entfernt von unseren Lieben in einem Land unter lauter Fremden. Unsere Gäste waren einsame, skandinavische Einwanderer, die alljährlich am Weihnachtsabend auf dem Bahnhof saßen. Es waren die Verlassenen, die sich auf der Bahnstation versammelten, um sich gegenseitig Gesellschaft zu leisten und dabei die ankommenden Züge zu beobachten.

Wie üblich war Papa auch dieses Jahr zum Bahnhof gegangen, um den Fremden seine Hilfe anzubieten. Als er bemerkte, daß diese Männer (es waren ungefähr fünfzehn) nicht wußten, wohin sie gehen sollten, lud er sie alle ins Pfarrhaus zur traditionellen Weihnachtsfeier ein.

Sie waren in der Fremde — enttäuscht, hungrig und schrecklich einsam. Voller Träume waren sie in dieses Land der Verheißung gekommen und schämten sich nun, ohne den erhofften Klumpen Gold heimzukehren. Freundinnen, Frauen und Mütter warteten auf sie im fernen Land der Mitternachtssonne.

Aber an jenem Abend, in der Nacht der Nächte, gewannen sie bei Papas herzlichem «Velkommen, Velkommen» neue Hoffnung.

Schneebedeckte Fellmützen, Mäntel und Stiefel wurden in die Nähe des Ofens zum Trocknen gelegt. Die Musikinstrumente, die die Gäste auf Papas Wunsch mitgebracht hatten, wurden hervorgeholt und für das improvisierte Konzert, das nach dem Essen stattfinden sollte, gestimmt.

Ich erinnere mich, daß die Immigranten blond, rotwangig und blauäugig waren und marineblaue Arbeitsanzüge trugen. Unter dem Arm hatten sie meist eine Gitarre, Mandoline oder Flöte. Und jener Weihnachtsabend bildete keine Ausnahme.

Mama war — wie immer — auf Überraschungen vorbereitet. Durch ihre warmherzige Anteilnahme fühlte sich bald jeder Fremde zur Familie gehörig. «Wer ein offenes Herz hat, der hat auch ein offenes Haus», pflegte sie zu uns zu sagen.

Kaum hatten die Gäste um den Tisch herum Platz genommen, hörten wir schwere Fußtritte auf der Veranda. Barney und John — zwei halberfrorene Männer — traten aus der Kälte ins Haus. Sie kamen von der Arbeit in den großen Wäldern. Ungeachtet des kanadischen Winters wollten sie am Heiligen Abend unbedingt in Winnipeg sein. Hundertdreißig Kilometer weit waren sie durch Eis und Schnee gewandert. Der Wunsch, das einzige Heim, das sie in der neuen Welt kannten, am Weihnachtsabend zu erreichen, hatte ihnen die Kraft zum Durchhalten verliehen. In Schutzhütten am Wege waren die beiden verzweifelten Wanderer mit heißem Tee und Keksen verköstigt worden. Jetzt endlich waren sie am Ziel, und es war Weihnachten.

Hier am festlichen Abendbrottisch vergaßen sie die alten Verletzungen und Enttäuschungen. Hoffnung, Glaube und Mut für morgen wurden neu belebt.

Mama sah mit ihren strahlenden Augen wie ein Engel aus — obwohl sie kein neues Weihnachtskleid bekommen hatte. «Ich bekomme später eins», flüsterte sie mir ins Ohr. Barney berichtete mit großartigen Gesten von seinen Abenteuern, während John die Wärme des Kaminfeuers und des Weihnachtsessens genoß. Jetzt waren unsere Gäste keine Fremden mehr — wir alle waren eine große Familie.

Als Papa die Weihnachtsgeschichte las, sahen wir die Engel, die Hirten und das kleine Jesuskind in der Krippe vor uns. Vom Weihnachtsrummel, Sankt Nikolaus und teuren Geschenken wußten wir damals kaum etwas. Nach dem Essen begaben wir uns ins Wohnzimmer, faßten uns bei den Händen und marschierten um den Weihnachtsbaum. Dabei sangen wir alte norwegische Lieder und Choräle. Dann durfte jeder seine Geschenke auspacken. Keiner war vergessen worden. Wir freuten uns über Taschentücher, Schürzen, neue Haarschleifen, Äpfel, eine Apfelsine für jeden und ein paar Süßigkeiten. Schon das kleinste Spielzeug war eine unglaubliche Kostbarkeit. Mama sorgte dafür, daß auch jeder Gast ein Geschenk bekam.

Während die Männer ihre Instrumente stimmten, schlug Papa stolz einige Akkorde auf dem Klavier an. Geigen, Mandolinen, Gitarren und eine klagende Flöte vereinten sich mit dem Piano zu harmonischen Klängen. Unsere Stimmen fielen ein und steigerten sich zu frohem Gesang, bis alle Musikanten zu einem großen Chor verschmolzen. Ich stand aufrecht und gerade und sang mit ihnen das große Finale — *Den Himmelske Lovsang.* Jener Klang klingt mir noch heute im Ohr. Damals war ich neun Jahre alt. Papa betete zum Abschluß. Er brachte jeden einzelnen von uns vor Gottes Thron, und dann befahl er uns der Obhut Gottes an. Heiligabend war die Nacht aller Nächte, das Präludium für den kommenden Weihnachtstag, an dem die Kirchenglocken über den glitzernden Schnee läuten würden, um die Menschen zum Lob Gottes zusammenzurufen. Mama würde mit ihren Kleinen feierlich in der Kirchenbank sitzen, und Papa würde in seinem schwarzen Jacket das Eingangslied ankündigen:

«Freue dich, Welt, dein König naht. Mach' deine Tore weit!»

Kapitel vier

Die Berührung der Liebe

Auch weiterhin ratterten die Einwanderer-Züge nach Winnipeg, und Papa brachte unaufhörlich heimatlose Menschen zu Mama. Papa sprach zu ihnen von seinem unerschütterlichen Glauben an Gott, während Mama für sie ein Netz aus reinem Gold webte, nämlich dem Gold der Liebe.

Während jener Zeit gehörte eine Frau mit sechs Kindern zu unserer Familie. Ihr Mann arbeitete in den großen Wäldern.

In jenem Winter ging der Keuchhusten schlimm um. Jedes von uns Kindern spuckte in seinen eigenen Blechnapf. Ich erinnere mich, wie ich einmal ein warmes Eckchen hinter dem Küchenherd fand. Dort hustete ich, bis ich völlig erschöpft war. Schließlich schlief ich ein, den Kopf in der Kiste mit den Holzscheiten.

Nachts schritt Papa unermüdlich in der Diele auf und ab, bis sich ein Blondschopf schlafend auf seine Schulter legte.

Unserer Familie ging es damals noch recht gut, aber nicht jeder in unserer Gemeinde war so stark und robust wie wir.

Bei einem ihrer Hausbesuche hörte Mama das Weinen einer jungen Frau. Sie stieg die Treppen zur Dachkammer hoch und lauschte: «O Gott! Hilf mir, bitte hilf mir!» In der Stube traf sie eine verzweifelte, hochschwangere junge Mutter an, deren Mann ebenfalls in den großen Wäldern arbeitete.

An jenem Abend stellten wir ein Bett im Wohnzimmer auf. Kurz darauf wurde das Baby geboren. Als der Ehemann aus den Wäldern heimkehrte, fand er Männer in marineblauen Arbeitsanzügen in unserem Wohnzimmer, die um einen winzigen Sarg standen. Papa, der seine erste Beerdigung in Winnipeg hielt, tröstete den trauernden Waldarbeiter mit den Worten aus Johannes 14,1: «Euer Herz erschrecke nicht!» Papa wußte, wie diesem Mann zumute sein mußte, denn er konnte sich noch gut an Bernice und den heulenden Sturm erinnern. Mamas Liebe umschloß die junge Mutter, denn auch sie dachte an Bernice.

Kurz darauf zogen weitere dunkle Wolken an unserem Himmel auf: Eine Grippe-Epidemie hatte die Einwanderer erfaßt. Mama ging von einem Haus zum anderen und versorgte Kranke und Sterbende. Aber auch ihre eigene Familie brauchte sie dringend. Nachts stand sie auf, um ein weinendes Kind zu beruhigen oder den verlöschenden Ofen wieder zu entfachen. Papa konnte sie damit nicht belasten: Er war schwer krank. So mußte sie selbst für Wärme im Haus sorgen. Auf dem Weg in den Keller verließen sie auf einmal ihre Kräfte, und sie brach auf der Kellertreppe zusammen. Für uns war Mama (Anfang dreißig, schlank und schön) ohne Alter, das Symbol blühenden Lebens, die Freiheitsstatue auf dem Fels der Zeiten. In dieser Nacht weinte sie.

«O Gott», rief sie verzweifelt. «Nur einmal eine Nacht durchschlafen dürfen, ist das denn zuviel verlangt? O Gott, Kraft, um diesen Ofen anzufeuern, ist das etwa zuviel gefordert?»

Ganz sanft, wie ein Flüstern in der Nacht, vernahm sie: «Warum bittest du mich nicht, dich zu heilen? Für mich ist nichts unmöglich.»

«O ja, Jesus. Heile mich, und ich will dir mit all meiner Kraft dienen.»

«Was ihr getan habt einem von diesen meinen geringsten Brüdern, das habt ihr mir getan», ging ihr durch den Sinn. Da wurde es in ihr ganz warm und hell. Sie spürte, wie die Kraft der heilenden Liebe Gottes durch ihren erschöpften Körper strömte.

Sie stand auf, dankte Gott, versorgte die Kinder und den Ofen. Dann fiel sie in einen tiefen, erholsamen Schlaf.

Gott hatte sein geliebtes Kind mit seiner Liebe berührt. Und Mama gab diese Liebe weiter an andere Kinder Gottes.

Einer der weihnachtlichen Gäste bekam Gottes Liebe durch Mama zu spüren und gehörte seit jenem Zeitpunkt zu unserer Familie. Als Barney zum erstenmal ins Pfarrhaus gestolpert war, hatte er Mama seine Whisky-Flasche ausgehändigt und war reumütig auf seine Knie gesunken, während Papa für seine Rettung betete. Niemand erfuhr jemals, was Mama mit dem Whisky machte, den die Bekehrten ihr ins Pfarrhaus brachten.

Barney wurde für uns die Verbindung zur Außenwelt, wo die Menschen mutig oder feige waren, stark oder schwach, liebevoll oder böswillig, groß oder klein, edel oder gemein. Mit Barney kamen Realität und Humor ins Haus.

Während der Kaffeepott auf dem Herd summte und Mama den Brotteig für den nächsten Tag knetete, stimmte Barney seine Mandoline und sang Volkslieder aus Norwegen. Barney konnte sogar Papa überreden, für einen Augenblick seine Bücher zu verlassen und eine Polka zu tanzen, zu der wir im Takt klatschten. Lebensangst und Lebensfreude waren immer um uns; wir lernten, die Freude des Augenblicks zu genießen.

Barney erzählte uns aus seinem Leben wie ein Osloer Zeitungsreporter. Als Boxer war er wild und rebellisch gewesen. Dann wurde er von einer wunderschönen Fischerstochter mit langem blonden Haar und tiefblauen Augen gezähmt. Eines Tages fuhr sie mit ihrem Vater aufs Meer hinaus. Das Fischerboot kehrte jedoch nie mehr ans Land zurück. Barney hatte damals die ganze Küste abgesucht und über die Wellen gerufen — doch lediglich das Rauschen des Meeres hatte geantwortet.

In seiner Verzweiflung war er dann schließlich nach Amerika gekommen — um zu vergessen. «Aus allem macht Gott etwas Gutes für uns», erinnerte ihn Mama immer wieder, wenn sie Brot backte oder ihre berühmte Gemüsesuppe kochte.

Die Art, wie er allen hübschen Mädchen mit seinen haselnußbraunen Augen zublinzelte, ließ sein wildes Temperament erkennen. «Bjarne (Barney), du solltest dir eine gute Frau suchen und zur Ruhe kommen», sagte Mama oft zu ihm.

«Was kann ich denn dafür, wenn Gott mir solch ein weites Herz gab, in dem all die hübschen Mädchen Platz haben?»

Jede Ungerechtigkeit ließ ihn explodieren: «Sei froh, daß ich nicht Gott bin!» pflegte er dann zu rufen. Als wir älter wurden, begleitete er «Mamas Mädchen» auf Gemeindepicknicks — für den Fall, daß die jungen Burschen auf dumme Gedanken kommen sollten. Fehlte es an Geld für eine Tüte Eis, spendierte Barney hin und wieder ein paar Cents. Später, als uns Liebeskummer plagte, hatte er immer ein offenes Ohr für uns. Wenn Papas unverständliche Forderungen uns das Leben schwermachten, sprach Barney mit Papa. Auf seiner Mandoline spielte er oft «Just Molly and Me» oder «I'm Coming Back to You». Die Mädchen verliebten sich in ihn und seine Musik.

Schließlich befolgte Barney Mamas Rat, «mit einer Frau zur Ruhe zu kommen», und heiratete Mildred, eine gute Freundin. Sie war solide, gläubig und klug und wurde für ihn zum ruhigen Hafen in den Stürmen des Lebens.

In ihm tobten immer noch die rastlosen Wellen, die gegen die norwegische Felsküste schlagen; die Wellen, die einst seine Liebe begraben hatten. Wenn er an der Küste New Yorks entlangging oder auf den Wegen des Central Parks spazierte, war er ein leichtes Opfer der in ihm verborgenen Leidenschaften. Ein flüchtender Ausbruch aus seinem Hafen ließ ihn eines Tages wie menschliches Treibholz an den Strand spülen. Mit König David rief er angstvoll: «Ich habe gesündigt gegen Himmel und Erde. Reinige mich, o Gott!» Dunkle Hoffnungslosigkeit umgab ihn, bis er sich schließlich auf der Brooklyn-Brücke wiederfand — auf der Suche nach einem furchtbaren Ausweg.

Im Dunkel der Nacht verborgen, beobachtete eine schweigende Gestalt den verzweifelten Mann. Plötzlich spürte Barney, wie sich ein Arm um seine Schultern legte. «Laß uns zu Mama gehen und eine Tasse Kaffee trinken.» Schweigend brachte Papa Barney nach Hause zu Mama.

Etwas später fand Barney wieder seinen Hafen: Mildred, die auf ihn wartete und ihm vergab. Der Sturm hatte sich gelegt. Barney war geborgen in den Armen des Herrn, der sagt: «Ich habe dich je und je geliebt.» Viele Jahre lang dienten Mildred und Barney gemeinsam dem Herrn und wurden zum Hafen für viele andere.

Kapitel fünf

Von Montag bis Sonntag

«Gott schläft und schlummert nicht.» Das traf auch auf Mama und Papa zu. War das beruhigend, wenn Papa nachts zum gleichmäßigen Schnurren der Nähmaschine im Wohnzimmer auf und ab ging und seine Predigten hielt oder Englisch übte! Er wollte unbedingt seinen skandinavischen Akzent loswerden! Gelegentlich rief er begeistert: «Ich hab's, ich hab's, Mama. Jetzt sage ich nicht mehr ‹venn›, sondern ‹venn›! Mama, wir müssen gutes Englisch sprechen, venn wir in Amerika leben.»

Montag morgens tauchte Papa in Schlips und weißem Hemd neben der Waschmaschine auf. Mit der einen Hand kurbelte er an der Maschine, in der anderen hielt er ein Buch. Mama ließ Naptha-Seife stückchenweise ins heiße Wasser gleiten und sang dabei: «What can wash away my sin?» Papa ließ sich von ihrem Gesang nicht stören, sondern las laut weiter, um seine englische Aussprache zu verbessern.

Ein Blick auf unsere Wäscheleine verriet den Nachbarn, wie oft wir unsere Unterwäsche wechselten oder auch wie viele Übernachtungsgäste Mama gehabt hatte. Im Winter schwebten unsere langen Unterhemden und Unterhosen steif gefroren wie Geister im Wind.

Aber montags war nicht nur Waschtag, sondern auch Eintopf-Tag. Übriggebliebene Speisereste landeten im Suppentopf, und Mamas Roggenbrote vermehrten sich wie die Brote und Fische bei der Speisung der Fünftausend. Ganz gleich wie viele unerwartete Besucher sich auch einstellen mochten, das

Essen reichte immer für jeden. Für Gott und Mama war das überhaupt kein Problem.

Dienstags war Bügeltag. Ein Korb mit Wäsche, die am Abend zuvor eingesprengt und eingerollt worden war, stand bereit. Die Bügeleisen wurden auf dem Herd erhitzt. Währenddessen wusch Mama das Geschirr ab und machte die Betten. Jedes Bettuch wurde gebügelt. Während Mama bügelte, unterrichtete sie uns. Ihre Methoden waren einfach: unzählige Lieder, Geschichten und Bibelverse, die wir auswendig lernten. Ich saß gespannt dabei, hörte zu, beobachtete alles ganz genau und wartete auf den Tag, an dem ich einmal die Geschirrtücher, dann die gestärkten Kissenbezüge und schließlich — als Krönung — Papas weiße Taschentücher bügeln durfte, die perfekt zusammengelegt sein mußten. Aber niemand außer Mama bügelte je einmal Papas weißes Sonntagshemd oder das hochgeschätzte Leinentischtuch für das sonntägliche Mittagessen.

Jeden Mittag legte Mama eine Pause fürs Essen und für den Mittagsschlaf ein. Niemand — und da gab es keine Ausnahme — kam um die Mittagsruhe herum. Papa ging still in sein Studierzimmer. Das Haus wurde ruhig. Wir Kinder schliefen. Mama ruhte dreißig Minuten (bestimmt schlief sie nicht), dann stand sie leise auf, bürstete ihr langes, braunes Haar und zog ein frischgestärktes Kleid mit Schürze an. Um ihre Vorbereitungen für die zweite Tageshälfte abzurunden, setzte sie sich auf den Schaukelstuhl in der Küche und schlug ihre Bibel auf. Nach dem Lesen kniete sie nieder und hielt ihr Nachmittagsgespräch mit Gott. Mamas Gebet um diese Zeit war so sicher wie der Sonnenaufgang am Morgen. Sogar das jüngste Kind wußte, daß es ruhig bleiben mußte, bis Mama fertig war.

Danach setzte Mama, die nach Palmolive-Seife und Stärke duftete, das Kaffeewasser auf. Das war das Signal, welches unser schlafendes Haus zum Leben erweckte. Papa tauchte wieder aus seiner Studierstube auf. Wir Kinder, in gestärkten

Nachmittagskleidern, setzten uns an den Tisch zum «Kaffeetrinken». Für uns gab es heißes Wasser mit Milch und Zucker, dazu etwas Roggenbrot mit Marmelade und — als begehrte Schleckerei — ein Stück Zucker, das wir in Papas Kaffeetasse tunken durften.

Die Bügeltage waren gefüllt mit Erzählen und Zuhören. Mamas Küche diente als Schulzimmer; hier wurden alle kindlichen Probleme und Fragen besprochen. Papa war unerreichbar. In seinem Inneren breiteten sich Gebirgszüge und tiefe Täler aus, da wogte die Brandung gegen die Küste und ertönte der klagende Schrei einer einsamen Möwe. Papa konnte mitfühlend den Arm um einen Mann aus der Gosse legen und ihn zu Gott führen, aber er hörte es nicht, wenn seine Kinder ihn baten: «Papa, erzähl' uns doch bitte eine Geschichte!» Er hatte keinen Draht zu uns, aber er gab uns das Beste, was er hatte: Mama. Für ihn war sie ein unschätzbarer Rubin, die Frau aller Frauen, die seinen Kindern beibrachte, ihm zu gehorchen. Und das lernten wir — langsam aber sicher — durch Worte, Vorbild und, wenn es sein mußte, auch durch den Lederriemen.

An der Tür unserer Speisekammer hing ein roter Lederriemen, der in den Augen von uns vier Kindern hohes Ansehen genoß. Ein elterlicher Blick in diese Richtung reichte normalerweise aus, um die Truppe wieder zur Raison zu bringen. Es gab keine schlimmere Demütigung als dieses Bücken und ein der Welt dargebotenes nacktes Hinterteil über Mamas Knie. Der Schmerz durch den Lederriemen war minimal im Vergleich zu der Scham über die heruntergezogenen Hosen und das Wissen, daß man in gewisser Weise Papas «Dienst» Schande bereitet hatte.

«Ihr Kinder seid euren Eltern gehorsam» war einer der ersten Bibelverse, die ich lernte.

Eines Tages streckte ich einem Nachbarn wütend die Zunge heraus. Obwohl ich es hinter seinem Rücken getan hatte, bekam ich nicht allein den Lederriemen zu spüren, sondern zusätzlich roten Pfeffer auf die Zunge gestreut. Und, was noch schlimmer war, ich mußte mich persönlich bei ihm entschuldigen! Der Bibelvers an jenem Tag lautete: «Seid untereinander freundlich!» Die Strafe folgte immer unverzüglich. Sie war so sicher, daß wir sogar oft selbst schon den Lederriemen und den roten Pfeffer holten und unsere Hosen runterzogen — je eher wir es hinter uns brachten um so besser. Es gab kein Entrinnen. Genauso sicher wie die Strafe war allerdings auch die Bereinigung und Vergebung. Die Sache war dann ein für allemal erledigt und vergessen.

Mittwochs war Stopftag. Mama ließ das Holzei in die Socken gleiten, und ihre Finger eilten hin und her, bis das Loch gestopft war. Ich saß oft an ihrer Seite und beschäftigte mich eifrig mit einem Stück Stoff, einer Nadel und einem Faden. Geduldig löste Mama meine ständigen Knoten, und dann fingen wir wieder von vorne an, bis ich schließlich ihre Fingerfertigkeit erlernt hatte.

Donnerstags war Besuchstag. Hand in Hand brachten wir selbstgebackenes Brot und Krüge mit Suppe zu den Einsamen und Kranken. Nachmittags wurde der Kaffeetisch, den ein frischgestärktes Tischtuch zierte, mit Porzellangeschirr gedeckt. Da wir andere besucht hatten, würden auch wir besucht werden.

Freitags war Backtag. Am Abend zuvor war der Teig zur Musik von Freund Barneys Mandoline geknetet worden. Manchmal knetete auch Papa den schweren Teig, bis er zum Gehen fertig war. Donnerstag abends schliefen wir mit dem Duft von Hefe und zum Klang der Mandoline ein. Der Höhepunkt des Freitags war dann immer der Anschnitt des Brotes, bestrichen mit geschmolzener Butter. Am späten Nachmittag hatte Mama für gewöhnlich zehn Laibe Brot, einen Hefeteigkuchen für den Sonntag und — so hofften wir — einige kleine Hefeküchlein mit Rosinen gebacken.

Samstags war Putztag. Für den Fall, daß bei uns die Frömmigkeit zu kurz kam, glich Mama diesen Mangel mit Reinlichkeit aus. Als ich sieben Jahre alt war, brachte sie mir das Geschirrspülen bei (aber ordentlich!): abwaschen, abspülen, abtrocknen, wegräumen, Spülbecken scheuern, Boden aufwischen und Mülleimer ausleeren. Niemand, aber auch wirklich niemand ließ schmutziges Geschirr im Waschbecken stehen. Das wäre eine Schande für den «Dienst» Papas gewesen, die nicht einmal Gott übersehen könnte. Wenn ich in andere Häuser kam und in der Küche schmutziges Geschirr entdeckte, zog ich mir sofort einen Stuhl an die Spüle und begann mit dem Abwasch. Ich konnte auch bei anderen eine solche Schande nicht mitansehen.

Disziplin und Ordnung gehörten zusammen wie das Zukkerstückchen zum Kaffee.

Unser Motto, einen unsichtbaren Gast im Haus zu haben, der alles hört und sieht, war für uns real. Gott wohnte in unserem Haus. Es mußte in jeder Beziehung sauber sein.

Samstag morgens hieß es wortwörtlich: «Aufstehen und strahlen!» Jedes Kind hatte eine Aufgabe. Der Herd wurde gescheuert, jeder Stuhl abgewaschen oder poliert. Der Fußboden bekam bis in die letzten Ecken und Winkel die Wirkung von Schmierseife und Bürste zu spüren. Trödeln gab es nicht! Bis zur Mittagszeit mußte alles blitzen und blinken.

Mit dem Kaffeetrinken am Nachmittag wurde die Sauberkeit gefeiert. Der Sonntag würde für die Frömmigkeit sorgen. Für heute genügte uns ein sauberes Pfarrhaus.

Abendbrot gab es samstags früher als sonst, denn danach ging es ab in den Waschzuber! Unser Haar wurde mit Raleighs Shampoo gewaschen. Wir wurden saubergeschrubbt und anschließend trockengerubbelt und in frische Flanell-Nachthemden gesteckt. Alle Schuhe warteten in Reih und Glied auf Papas kraftvolles Polieren. Mama legte saubere Sonntagssachen für einen geordneten Tag des Herrn bereit.

Sie schälte die Kartoffeln für Sonntagmittag, bereitete Fleischklößchen mit Soße zu und kochte Möhren, die später zusammen mit Erbsen püriert wurden. Eine Schüssel Apfelmus stand zum Abkühlen auf der Fensterbank. Auf dem ausgezogenen Tisch lag ein weißes Tischtuch, damit jeder, der am Sonntagmittag nicht wußte wohin, seine Füße darunterstrecken konnte.

Sonntagsschulhefte, Bibeln, Kollektengroschen sowie saubere Taschentücher lagen schon für den Morgen bereit.

Vor dem Schlafengehen kam alles, was in der Schule oder beim Spielen geschehen war, ans Licht. Nichts, aber auch gar nichts blieb Mama verborgen. Jedesmal, wenn sie mich zudeckte, sagte sie: «Schau mir in die Augen, Margaret. Hast du mir noch etwas zu sagen, bevor wir mit Gott sprechen?» Weil ich von ihrem «heißen Draht» zu Gott wußte, gestand ich immer alles bereitwillig. Mir wurde vergeben, und ich schlief wohlig und geborgen ein.

Papa saß bis spät in die Nacht in seinem Studierzimmer. Mama ließ nochmals ihr Tagwerk im Geist an sich vorüberziehen, sah, daß es gut war, und knipste das Licht aus. Wenn sie überhaupt einmal schlief, dann von Samstag auf Sonntag.

Der Sonntag erwachte wie die Sonne in ihrem Glanz! Papa, in gestreiften Hosen mit Schwalbenschwanz-Rock und gestärktem Stehkragen, schritt mit seiner Bibel und dem Gesangbuch in der Hand zur Kirche hinüber. Mama versammelte ihre gestriegelten Kinder — alle in sonntäglichen Kleidern — vom ältesten bis zum jüngsten um sich. Jeder von uns besuchte den Gottesdienst. Der Kirchgang war bei uns nie eine Frage der Lust, sondern des Gehorsams. Sobald wir einmal unsere Plätze eingenommen hatten, rührte sich keiner mehr von uns, denn es war eine heilige vorderste Kirchenbank, auf die Gott und Papa ein waches Auge hatten. So sehr ich mich auch bemühte zuzuhören, meine Gedanken wanderten doch immer ein paar Stunden voraus. Ich überlegte, wie

36

viele zu uns zum Essen kommen würden, und hoffte insgeheim, daß auch Onkel Barney nicht fehlen würde.

Der Segen war gesprochen. Ich wappnete mich für den Sonntagmorgen-Kaffeekuß von Herrn Meyer. Barney kam zum Mittagessen! Es würde ein guter Tag werden, ein Tag der Ruhe von der Arbeit, aber nicht von dem, was uns Mama die Woche über während der Arbeit beigebracht hatte.

Tage des Kummers und der Sorgen gehen vorüber, und ihnen folgen Friede und Freude; genauso vergehen die Wintertage, und der Frühling kehrt mit den Knospen neuer Hoffnung wieder.

In diesem Frühling herrschte große Aufregung im Pfarrhaus: Mama sollte Gastrednerin auf der Baptistenkonferenz für Norwegerinnen sein.

Die Nähmaschine ratterte durch die Nacht. Wie schon so oft schuf Mama wieder eine neue Kreation aus dem antiquierten Inhalt einer Missionskiste. Das Kleid war marineblau. Aber Mama war nicht farbenblind: Ihr einziges Paar Schuhe war nämlich keineswegs blau, sondern braun. Mama hatte schon vor langer Zeit gelernt, wie man mit einem mageren Pastorengehalt auskommen kann. Sie nahm die Kunst eines Schuhmachers zu Hilfe, der die Schuhe zum Kleid passend färbte. Als besonderes Schnäppchen erstand sie schließlich noch einen breitrandigen Hut. Er war zwar abgenutzt und an den Rändern etwas ausgefranst, aber der Preis stimmte: zehn Cents. Dann kaufte sie blaue Farbe und färbte den hellen Hut dunkel. Die ausgefransten Ränder nähte sie mit blauem Band ein. Nun war Mama standesgemäß gekleidet: marineblaues Kleid mit zartem Spitzenkragen, großer Strohhut mit Bändern und dazu passende marineblaue Schuhe. Jene waren zwar alt, sahen aber aus wie neu. Handschuhe und ein Spitzentaschentuch waren die Krönung des Ganzen.

Die Baptistenfrauen versammelten sich zu diesem Treffen unter freiem Himmel an einem herrlichen, sonnigen Tag.

Musikgruppen spielten, und Chöre sangen. Die Frauen warteten voller Spannung auf den Höhepunkt des Programms: die Ansprache von Frau Ella Tweten.

Und da stand sie in der heißen Sonne, würdig, schlank, jung und schön. Papa konnte stolz auf sie sein. Sie begann laut und klar zu reden. Aber die Sonne weigerte sich, Mamas Geheimnisse zu hüten. Langsam schmolz die Farbe des Hutes dahin, und schöne, blaue Streifen rannen in ihr Haar und über ihre Stirn. Die Schuhe stanken nach der noch nicht ganz trockenen Schuhcreme. Mama beendete ihre Ansprache mit einem gediegenen Schlußsatz und setzte sich still auf ihren Platz, ohne sich ihre Erregung anmerken zu lassen. Doch niemand wird jene Konferenz — und Mamas Hut — jemals vergessen!

«Ein fröhliches Herz tut dem Leibe wohl.» Nach der Konferenz umringten die Frauen Mama, und alle lachten herzhaft über ihren blaugefärbten Hut, der noch viele Jahre für heiteren Gesprächsstoff sorgte.

Mamas übersprudelnde Lebensfreude half sowohl unserer Familie als auch Papas Gemeinde durch viele Krisen. Wir lernten, daß die Freude am Herrn unsere Stärke ist. Sprüche 15,15 paßt genau auf Mama: «Ein guter Mut ist ein tägliches Fest.» Die Einwanderer teilten mit uns nicht nur ihre Freuden und Kümmernisse, sondern auch ihren besonderen Sinn für Humor.

Jahre später erhielt Mama ein Geldgeschenk (für ihre Reise nach Norwegen). Beigefügt war ein Zettel, auf dem zu lesen war: «Für einen neuen Hut.»

Kapitel sechs

Gott läßt uns nicht im Stich

Dann kam die Zeit, als bei Twetens in Winnipeg das Feuer für die Immigranten zu flackern begann, bis es schließlich ganz erlosch. Der Kaffeepott wurde kalt. Und doch ließen Papa und Mama eine warme Atmosphäre der Liebe zurück, als Papa erneut den «Ruf» vernahm.

Die Norwegian Baptist Conference setzte Papa als Missionar für die skandinavischen Siedler in der Provinz Saskatchewan ein.

Mama fragte sich, wie sich Papa wohl auf den endlosen Reisen allein verköstigen und für seine Wäsche sorgen würde. Eines jedoch stand für sie fest: Papa war Gottes Diener; und Gott sorgt immer für seine Kinder.

Nach einem schmerzlichen Abschied von der First Norwegian Baptist Church, unseren bedürftigen Freunden, die mit den Einwanderer-Zügen gekommen waren, und der grauen Festung — unserem Pfarrhaus — geleitete Papa Mama und uns vier Kinder zu dem neuerstandenen Ford. Mama hatte einen Korb mit Broten und gezuckerten Waffeln gepackt, damit wir die lange Reise überstehen würden.

Dieser alte Ford, den uns die Baptist Conference zur Verfügung gestellt hatte, war das einzige Auto, das Papa je besaß. Es erhielt leider nie die gebührende Anerkennung für seine treuen Dienste. Dieser «Streiter für den Herrn» sollte in nächster Zukunft weite, unwegsame Strecken überwinden. Solange das Gefährt seine vier Räder in die gleiche Richtung bewegte und sich dabei geduldig endlose Predigten anhörte, wurde es zwar entsprechend gewürdigt. Mama fragte sich jedoch insgeheim, ob Papas vergeistigter Sinn rechtzeitig bemerken würde, daß ein Auto nicht nur Worte, sondern auch Sprit brauchte.

Wir waren unterwegs nach Saskatoon, Saskatchewan. Ich war zehn Jahre alt, Grace sechs, Gordon vier und Doris, unsere Jüngste, zwei. Papa hatte ein kleines Haus gekauft, das in monatlichen Raten abgezahlt werden sollte.

Gott und Mama würden sich wohl in Zukunft um die Raten kümmern müssen.

Der Tag wurde lang und länger. Der Missionar und seine Familie hatten ihre Brote bereits verspeist. Mama war erschöpft und bemerkte sehnsüchtig, wie sehr sie sich jetzt über eine Tasse Kaffee und einen Teller Suppe freuen würde. Papa wollte ihr diesen Wunsch gern erfüllen. Als er deshalb einige Zeit später ein kleines, weißes Landhaus neben der Straße entdeckte, hielt er an, um nach einer Tasse Kaffee zu fragen. Für Suppe reichte unser Geld nicht. Während Papa im Haus verschwand, warteten wir im Wagen.

Kurz darauf tauchte Papa zusammen mit einem freundlichen Orientalen wieder auf. Der Fremde lud uns alle höflich zum Mittagessen ein.

«Vielen Dank», meinte Papa. «Aber unser Geld reicht lediglich für eine Tasse Kaffee.»

Von diesem Einwand wollte der nette Mann jedoch nichts wissen. Wir sollten seine Gäste sein.

Ehrfürchtig folgten wir dem charmanten Gastgeber in sein kleines Restaurant, wo wir an einem Tisch mit einem makellos weißen Tischtuch Platz nahmen. Noch nie zuvor hatten wir in einem Restaurant gespeist. Mama saß da wie eine Königin. Zum erstenmal in ihrem Leben bediente man *sie*! Obwohl wir die einzigen Gäste waren, bemühten wir uns aufs äußerste, Papas «Dienst» keinesfalls in Verruf zu bringen. Sofort sprachen wir ein norwegisches Tischgebet.

40

Unser lächelnder Wirt schenkte uns seine ungeteilte Aufmerksamkeit und servierte uns ein köstliches Mahl.

Bevor wir weiterfuhren, schüttelte jeder von uns dem Mann feierlich die Hand und verabschiedete sich mit einem höflichen: «*Takk for maten*» (Danke für das Essen).

«Eines Tages werde ich zurückkommen und Ihnen diese Freundlichkeit vergelten», fügte Papa hinzu. «Ich wünsche Ihnen Gottes reichen Segen.»

Als wir in der 510 Avenue J in Saskatoon eintrafen, kannte Mamas Freude keine Grenzen. Das kleine, gelbe Haus war mit weißem Stuck verziert und hatte einen richtigen Hof. «Unser Haus!» rief Mama begeistert.

Eimer, Bürsten und Naptha-Seife traten in Aktion. Anschließend hätte man sogar vom Boden essen können! In den Fenstern spiegelte sich die kanadische Sonne. Gestärkte Spitzenvorhänge umrahmten den Ausblick.

Als krönenden Abschluß verlegte Mama in ihrer «eigenen» Küche rotes Linoleum, das sie (leicht beschädigt) für nur einen Dollar erstanden hatte. Nun flutete wieder Leben durch Mamas Küche.

In einer Ecke stand der Schaukelstuhl, mein Zufluchtsort in stürmischen Zeiten. Wenn Mama einen Zufluchtsort brauchte, zog sie sich die Schürze übers Gesicht. Jahre später erst bemerkten wir, daß der Schurz ihre Tränen verbarg; aber dies war ihre Welt, und niemand stellte irgendwelche Fragen.

In einer anderen Ecke stand das Wasserfaß. Es wurde jeden Tag vom städtischen Wasserwagen aufgefüllt, der, von zwei Pferden gezogen, durch die Straßen fuhr. Ich liebte es, mit der hüpfenden und jauchzenden Kinderhorde den Pferden zu folgen und ihnen Zuckerstückchen zu geben.

Hinter dem Schuppen erstreckte sich ein unbebauter Akker, der sich ausgezeichnet als Garten eignete. Mama sah in ihrer Phantasie bereits Unmengen der schönsten Blumen und frisches Gemüse vor sich.

Das angrenzende Feld wurde zum Spielplatz der gesamten Nachbarschaft, wo Bälle und Drachen ungehindert in den kanadischen Himmel fliegen konnten.

Papa packte seine geliebten Bücher aus und ordnete sie auf die Regale in seinem Studierzimmer. Schon bald mußte er auf seine erste Reise gehen, aber zuerst einmal gab es eine Tasse Kaffee. Wir hatten es uns so richtig gemütlich eingerichtet in unserem kleinen Häuschen.

Auf dem schwarzen Herd summte die Kaffeekanne einen Willkommensgruß. Mama stellte eine Vase mit selbstgepflückten Veilchen auf die frische Tischdecke, auf der schon die Kaffeetassen bereitstanden. Papa verließ seine Bücher. Wir Kinder kamen für eine Tasse «Milchkaffee» herein und für unser Zuckerstückchen, das zuvor in Papas volle Tasse getaucht worden war.

«Du hast es gut, Mama», sagte Papa und legte seinen Arm um sie.

Wenige Tage später kamen unsere Nachbarn zu uns herüber, um zuzusehen, wie Papa den Ford ankurbelte und zu seiner ersten Missionsreise startete. «Gott mit dir, bis wir uns wiedersehn» wurde zu unserem Abschiedslied. Die Baptist Conference zahlte Papa nur einen Teil seines Gehalts. Den Rest sollte er aus den Kollekten seiner Reisen bestreiten. Hätte die Conference doch nur gewußt, was Mama längst ahnte: Das Opfer, das Papa an einem Ort einsammelte, wurde nämlich auf dem Weg zum nächsten bereits wieder für Notleidende ausgegeben! Doch *jeder* litt Not — einschließlich seiner eigenen Familie in weiter Ferne. So ernährten wir uns hauptsächlich von Haferflocken. Gott und Mama mußten es wieder mal schaffen. Und sie schafften es!

Weihnachten stand vor der Tür. Von Papa hatten wir schon ziemlich lange nichts mehr gehört. In unserer Speisekammer herrschte gähnende Leere, und in Mamas Portemonnaie befand sich kein einziger Cent mehr. Das Schlimmste an der ganzen Sache war jedoch, daß wir keine Seife mehr hatten! Mama bat in ihrer Verzweiflung über diesen Mangel ihre isländische Freundin, Mrs. Johnson, um etwas Seife. Da Frau Johnson selbst nur noch ein halbes Stück besaß, schnitt sie dies in zwei Teile. So kam Mama wieder zu Seife!

«Ich habe nur noch einen Suppenknochen», meinte Mrs. Johnson. «Das ist gut», sagte Mama. «Ich habe noch etwas Gemüse vom Händler. Es hat zwar schon ein paar braune Flecken, aber für eine Suppe ist es gut genug. Außerdem habe ich noch ein Stück Brot. Das gibt ein Festessen.»

Feststimmung, Gesang und Gitarrenbegleitung füllten das kleine Haus in der Avenue J. Suppe und Brot schienen sich zu vermehren. Herr Johnson sprach das Dankgebet, und wir lachten miteinander bis spät in die Nacht. Da die Johnsons kinderlos waren, hatten sie ihre helle Freude an uns Kindern.

«Wie die alte Hanna habe ich um ein Kind gebetet», vertraute Frau Johnson an jenem Abend Mama an, «aber es hat bisher nicht geholfen.»

«Komm, wir beten zusammen», antwortete Mama. «Gott wird dir geben, was dein Herz wünscht.»

Frau Johnson und Mama wurden bald gute Freundinnen, die oft bei einer Tasse Kaffee zusammensaßen. Ein Jahr später wurde Herrn und Frau Johnson ein gesundes Kind geschenkt.

Dann war Heiligabend und von Papa und den Opfergaben immer noch keine Spur.

«Bist du sicher, daß Gott uns an diesem Weihnachtsfest nicht vergißt?» fragten wir Mama ängstlich. Sie gab uns immer dieselbe Antwort: «Gott vergißt uns nicht und läßt uns niemals im Stich.» Ein altes norwegisches Lied wurde damals zu unserem Lieblingslied:

Himmel und Erde werden vergehn,
Berge und Fjorde verschwinden.
Gott wird zu seinen Verheißungen stehn,
wenn wir unsere Zweifel überwinden.

Solche Glaubenslieder erfüllten oft unsere Küche.

Ich mußte an frühere Weihnachtsfeste in Winnipeg denken — mit gutem Essen und viel Musik. Doch dadurch wurde der öde Feiertag in Saskatoon für mich nur noch unerträglicher. Mama jedoch verzagte nicht.

Aus dem nahen Wald hatte sie eine Tanne herangeschleppt, die wir mit unserem alten Baumschmuck behängten. Wir sangen die vertrauten norwegischen Weihnachtslieder. Mama überraschte uns wieder mit neuen Kleidern, die sie aus Stoffresten aus der Missionskiste genäht hatte. Sie trug wie immer ihren Teil zum Weihnachtsfest bei. Wenn ich mir nur sicher sein konnte, daß Gott auch das Seine tun würde!

«Heute ist Heiligabend», erinnerte uns Mama. «Da wollen wir uns freuen und Gott loben für das Geschenk seines Sohnes. Uns geht es gut. Wir leiden keinen Hunger. Es ist warm. Wir haben Haferflocken und etwas Kaffee — und sogar Zukkerstückchen. Papa dient Gott, und Gott sorgt für seine Kinder. Und jetzt», schloß sie mit einer einladenden Handbewegung, «ist der Kaffee fertig.»

Plötzlich hörten wir Schritte vor der Tür, und dann ein fröhliches: «Gesegnete Weihnachten!»

«Freue dich Welt, dein König naht», erklangen die Stimmen der Sänger.

«Kommt herein, kommt herein», rief Mama. «Kommt, wärmt euch hier am Ofen auf!»

Und sie kamen! Wir wurden mit Päckchen, gefüllt mit Lebensmitteln und Geschenken, regelrecht überhäuft. Pastor Ward von der Baptistengemeinde in Saskatoon begrüßte Mama. «Wir haben gehört, daß Pastor Tweten noch immer nicht von seiner Missionsreise zurückgekehrt ist. Bitte nehmen Sie dies als Zeichen unserer Liebe. Gott segne Sie alle. Jetzt wollen wir stille werden und für eine wohlbehaltene Rückkehr Ihres Mannes beten.»

Ich überlegte mir, woher Pastor Ward uns überhaupt

kannte, denn wir waren nicht Mitglieder seiner Kirche, son- dern gingen zu einer kleineren Baptistengemeinde in unserer Nähe. Die Skandinavier versammelten sich jede Woche bei uns zu Hause zur Bibelstunde und zur Gebetsgemeinschaft in ihrer Sprache. Damals gab es noch keine offizielle norwegi- sche Kirchengemeinde.

Die Weihnachtslieder klangen über den Schnee. Unsere Gebete stiegen vor Gottes Thron. Abschließend lud uns Pa- stor Ward für den kommenden Tag zu sich nach Hause zum Weihnachtsessen ein.

Stiefel knirschten im Schnee; unsere Besucher sangen auch auf dem Heimweg noch ihre Lieder über das verschneite Land.

Mama legte die Geschenke unter den Weihnachtsbaum. Jeder von uns war gebadet und festlich angezogen.

Mama sang niemals «Vertraue und gehorche» oder «Der Glaube ist der Sieg», ohne auch entsprechend zu handeln. «Wenn man um Regen bittet, dann holt man die Regen- schirme raus, und wenn wir für den Weihnachtsabend beten, dann ziehen wir uns auch festlich an.» So einfach war das.

«Auch wenn wir nur Haferflocken haben, ziehen wir uns wie echte Norweger an. Nicht was wir haben ist wichtig, sondern was wir glauben», sagte sie. «Gott verläßt uns nicht. Das glauben wir!» Auch auf dem Tisch lag bereits das weiße Tischtuch.

Dann öffneten wir die Päckchen. Da kam zubereitetes Essen zum Vorschein, Plätzchen, Obst und — Wunder über Wunder — Zuckerstangen und Nüsse. In einer Ecke ver- steckt, fanden wir Kaffee und Zuckerstückchen. Da hatte doch tatsächlich jemand an unsere nationale Leidenschaft gedacht!

Plötzlich hörten wir erneut Stiefeltritte auf der Veranda. Mit einem Freudenschrei flog die Tür auf! Papa stand vor uns!

Als wir um den festlichen Tisch versammelt waren, beugten wir unsere Köpfe und Herzen und dankten Gott. «Tja, Mama, ich habe mich in einem Schneesturm verirrt.» Und nun erzählte uns Papa, wie er in einen kanadischen Wirbelsturm geraten war. In völliger Hilflosigkeit schrie er zu Gott: «Ich habe mich verirrt, aber du weißt den Weg.» Mitten im undurchsichtigen Schneetreiben spürte er die Nähe des Herrn, und so kam er an die Tür eines abgelegenen Gehöfts. «Ja, denkt euch nur, wir mußten uns einen Weg zum Stall schaufeln, um überhaupt die Kühe füttern und melken zu können. Wir lebten von Haferflocken und Milch, bis der Sturm endlich vorüber war.»

Am Weihnachtstag sangen wir im Gottesdienst: «Freue dich Welt.» Danach waren wir im Pfarrhaus bei Pastor Ward zu Gast, wo es ganz anders zuging als bei uns. Mama hatte uns Mädchen Kleider aus aufgefrischtem Samt und Seidenresten genäht und die Kleidchen mit Spitze verziert. Mein Kleid war aus blauem Satin mit Pelzbesatz. Sie hatte ausrangierte lange, weiße Strümpfe gestopft und sie für eine Gelegenheit wie diese aufbewahrt. Unser hellblondes Haar war mit glänzenden Haarschleifen geschmückt, und Gordon sah aus wie der berühmte «Boy in Blue». So traten wir wie kleine Prinzessinnen ins Pfarrhaus. Unseren Bruder hielten wir fest an der Hand. Die Pfarrerskinder steckten in Baumwollkleidern und schwarzen Strümpfen. Heute war unser Tag! Wir waren reich! Wir würden Papa keine Schande bereiten.

Bis spät in die Nacht hörten wir Papa zu, wie er von seinen Reisen erzählte. Nachdem wir zu Bett gegangen waren, saßen er und Mama allein am warmen Ofen in der stillen Küche. Sie tranken zusammen Kaffee und hatten sich viel zu erzählen.

Viele Jahre später erzählte mir Papa, daß er eines Tages zu jenem Orientalen zurückgefahren sei, um ihm seine Gastfreundlichkeit zu vergelten. Aber weder das Restaurant noch der Mann seien mehr dort gewesen, nur das weite Feld. Verwundert hatte sich Papa bei der Gemeinde erkundigt. Ein

Orientale habe dort nie gelebt, und auch ein Restaurant habe es nie gegeben, nicht einmal ein Haus habe auf dem Grundstück gestanden.

Papa fügte hinzu: «Für Mama und mich war das völlig eigenartig. Wir waren derart verwundert, daß wir mit euch nicht darüber sprechen mochten. Im Laufe der Zeit kamen wir zur Überzeugung, daß unser Gastgeber ein Engel gewesen sein mußte.»

Ich war beschämt und dachte, daß Gott es wohl Mama und Papa auf diese Weise vergolten hatte, daß sie jederzeit anderen Menschen so selbstlos und freigiebig dienten.

Kapitel sieben

Seelentröster

Die skandinavischen Siedler in unserer Umgebung fanden schon bald den Weg in Mamas neues Haus in Saskatoon. Dort trafen sie sich, um ihre Freuden und Sorgen miteinander zu teilen und zusammen norwegische Lieder zu singen.

Die Woche über wurden in unserem Pfarrhaus Bibelstunden in norwegischer Sprache abgehalten, aber sonntags besuchten wir alle den Gottesdienst der Canadian Baptist Mission.

Die klirrende Kälte hielt uns Kinder keineswegs davon ab, die kanadische Winter-Wunderwelt zu entdecken und zu genießen. Wir bauten uns eigene Rodelschlitten, mit denen wir die weißglitzernde Märchenlandschaft eroberten.

Der Fluß war unsere Schlittschuhbahn. Wir paßten immer auf, wenn die Arbeiter große Blöcke aus dem Eis herausschnitten und diese dann auf einen Schlitten luden, der von zwei Pferden gezogen wurde. Im richtigen Moment hängten wir unsere kleinen Schlitten an den großen und rasten mit dem Wind über den zugefrorenen Fluß.

Jede Jahreszeit gehörte uns, den Kindern: der Frühling mit seinen Veilchen auf den Wiesen, der Sommer und der Herbst mit Ballspielen und bunten Papierdrachen am blauen Himmel, die verzauberte Märchenwelt im Winter mit dem zugefrorenen Fluß und unseren Rodelschlitten.

Papa zeigte uns Kindern gegenüber selten seine Liebe. Wir hatten seinen strengen Befehlen zu gehorchen — und zwar augenblicklich! Mama war in seinen Augen vollkommen; und seine Kinder hatten ebenso vollkommen zu sein. Er liebte Mama auf seine Weise. Sie kannte sein Herz und verstand ihn. *Unser* Verständnis für ihn kam allerdings erst mit den Jahren.

Eines Nachmittags, als ich aus der Schule nach Hause kam, erblickten meine Augen das schönste Ding der Welt — ein Klavier in unserem Wohnzimmer!

«Margaret», erklärte Papa mit einer triumphierenden Handbewegung, «du wirst Klavier spielen lernen! Morgen sehe ich mich nach einem Lehrer für dich um. Schulbildung ohne Musik ist unvollständig. Bücher und Musik gehören zusammen.»

Der Lehrer kam — ein gutaussehender junger Mann, Sohn eines anderen Pfarrers. Und wie ich nun übte!

Später erfuhr ich, daß Papa für dieses Klavier einige seiner unschätzbaren Bücher verkauft hatte. Dadurch bekam auch ich Einblick in sein Herz. Er beschenkte uns auf seine ihm eigene Weise. Und obwohl wir ihn damals nicht verstanden, bemerkte ich schließlich, daß das Klavier und unser Musizieren (wir lernten alle Klavier spielen, und jeder von uns versuchte sich im Gesang) eine Brücke der Kommunikation war, die Papa mit seinen Kindern verband. Er hörte begeistert zu und konnte wie ein Kind staunen, wenn wir sein Herz mit Musik beglückten.

Die hübsche, schwarzhaarige Sonja in ihren perlenbesetzten Chiffonkleidern war eine von vielen, die zu uns in die 510 Avenue J kamen. Wenn sie in die Saiten ihrer Gitarre griff und dazu norwegische Lieder sang, glich sie einem Engel. Ich verehrte sie — bis sie sich in meinen charmanten Musiklehrer verliebte.

Eines Tages stand eine Schüssel mit Kirschen auf unserem Küchentisch. Noch nie zuvor hatte ich in unserem Haus auch nur eine einzige Kirsche gesehen! Jeder Apfel wurde bei uns normalerweise sorgfältig in sechs gleich große Stückchen geteilt. Aber Kirschen?!

Das mußte ich unbedingt meinen Freundinnen zeigen! Wir probierten diese seltene Delikatesse so lange, bis die Schüssel leer war. Damit endete mein stolzes «Kommt und seht!»

Etwas später erschien Mama glücklich singend in der Küche. Sie holte Mehl und Hefe hervor, um daraus den ersten Kirschkuchen zu backen, den unser Ofen je gesehen hatte. Ungläubig nahm sie die leere Schüssel in die Hand und blickte mich wortlos an. Darauf sank sie in den Schaukelstuhl, zog sich die Schürze übers Gesicht und weinte leise. Hätte sie doch wenigstens den roten Lederriemen an der Tür der Speisekammer ins Visier genommen! Ich lief hinaus und setzte mich hinter den Schuppen — eine sehr lange Zeit. Ich konnte einfach nicht mitansehen, wie Mama weinte.

Als ich wieder ganz, ganz leise in die Küche schlich, war Mama gerade dabei, die braunen Flecken aus den Äpfeln zu entfernen und diese in dünne Scheibchen zu schneiden, um sie dann auf dem bereitstehenden Backblech mit dem Kuchenteig zu verteilen. Ich schlang meine Arme um ihre Taille und schluchzte: «Ich werde nie, nie mehr prahlen und angeben. Nie, nie mehr!»

Sie hielt mich lange in ihren Armen und sprach von Vergebung, von Stolz, der vor dem Fall kommt, und von Gott, der alle Scherben aufsammelt und daraus noch etwas Gutes macht.

«Und jetzt backen wir einen Apfelkuchen — falls jemand zum Kaffeetrinken kommen sollte.» Die Küche wurde erneut von Mamas Gesang belebt. Ich deckte den Tisch.

Mrs. Magnusen kam — wie erwartet. Der Apfelkuchen schmeckte hervorragend.

Mr. Olsen, ein rothaariger Mann, der immer etwas melancholisch blickte, verirrte sich oft in Mamas Küche für einen Teller ihrer leckeren Suppe und ein Stück ihres guten Roggenbrots. Er sprach kaum ein Wort, starrte in die Ferne — und trank Kaffee. Mama erklärte uns, daß er in seinem Innern sehr krank sei. Er war aus den riesigen Wäldern zurückgekehrt und arbeitete nun in einer Fabrik, um Geld zu verdienen, damit er eines Tages seine Frau aus Norwegen nachkommen lassen konnte.

Lediglich eines störte mich an seinen häufigen Besuchen: «Mama, seine Füße stinken so furchtbar! Kann man denn überhaupt nichts dagegen machen?»

Mama tat auf ihre Weise etwas dagegen...

An einem sehr kalten Tag schlug sie Mr. Olsen vor, seine Füße in einem Waschzuber mit warmem Wasser zu wärmen, dem Mama zuvor etwas flüssige Seife zugefügt hatte. Während er ein Fußbad nahm, wusch Mama seine steifen Socken, die sie dann über dem Küchenherd trocknete. Sie ermunterte ihn, ihr doch immer wieder mal seine schmutzige Wäsche zum Waschen zu bringen.

Mr. Olsen ließ sich das nicht zweimal sagen: Jede Woche brachte er einen Haufen schmutziger Wäsche, nahm sein Fußbad und machte sich wieder mit einem Bündel frischer Wäsche auf den Heimweg. Allmählich verschwand der verstörte Blick aus seinen Augen. Wenn er seinen Kaffee trank, schien Mamas Gitarrenmusik in seine finsteren Gedanken zu dringen und sein Leid zu lindern. Eines Tages stürzte er überglücklich in die Küche: «Meine Hilda kommt! Meine Hilda kommt!» Damit fand das wöchentliche Fußwaschungsritual in Mamas Küche ein Ende. Wer wäre je darauf gekommen, daß der Weg zum Herzen eines Mannes auch über seine Füße gehen kann?! Mama verstand es.

Von einer seiner Reisen brachte Papa eines Tages einen jungen Mann namens Lars mit nach Hause. «Ich fand ihn in einem Stall, Mama. Ich glaube, er hat Tuberkulose. Er arbeitete auf einer Farm, aber als er krank wurde, weigerte sich der Bauer, ihm seinen Lohn zu zahlen. Sie hatten vereinbart, daß er nach sechs Monaten seinen ersten Lohn bekäme. Er lebte nur noch von Haferschrot und gepökeltem Schweinefleisch, war aber zu schwach, um heimzureisen. Ich habe ihm erzählt, du würdest ihn wieder gesundpflegen.» Wir starrten beide, Papa und den jungen Mann, mit offenem Mund an, bis Papa uns schließlich aufforderte: «Sagt Lars guten Tag, Kinder!»

Ich nahm meinen Hasen aus dem kleinen Hausflur, und Mama richtete dort ein Bett für den Fremden her.

Mama sagte, er würde an Heimweh sterben. Wenn sie das Heimweh kurieren konnte, würde Gott die Tuberkulose heilen. Wir kochten sein Besteck und Geschirr aus und hielten die Kleinen von ihm fern. Mama fütterte ihn mit Gemüsesuppe und Roggenbrot; ihre Lieder und Geschichten nährten seine Seele.

In der Zwischenzeit nahm Mama auch Kontakt mit seinen Eltern in Norwegen auf. Diese waren überglücklich, bald ihren stolzen Sohn zu Hause willkommen heißen zu können, der später ein angesehener Bürger Oslos wurde. Lars hatte dies den beiden «Seelentröstern» – Gott und Mama — zu verdanken.

Kapitel acht

Die hohen Knopfschuhe

Ich brauchte Schuhe. Eigentlich brauchte ich immer Schuhe! In unserem Sparbuch war zu lesen: «Mein Gott wird all eurem Mangel abhelfen.» Und das tat er auch, nur nicht so, wie ich mir das vorstellte.

Alljährlich, etwa um die gleiche Zeit, erhielten wir die sogenannte Missionskiste, eine Hilfsgütersendung für Missionare. Jedes altmodische, ausrangierte Relikt aus den verrückten Neunzigern schien offenbar seinen Weg in jene Kiste zu finden: mottenzerfressene Pelze, fadenscheinige Seiden- und Satinkleider und Schuhe aller Größen.

Beim bloßen Anblick der Kiste suchte ich das Weite! Zu oft hatte ich die Ankunft und das erste Begutachten einer solchen Missionskiste miterlebt! Wie Mama aus derartigen Kostümen noch Kleider fabrizieren konnte, war mir schleierhaft. Alte Mäntel und Anzüge trennte sie auf und schneiderte daraus herrliche, seidengefütterte Mäntel! Knöpfe und Spitzen bewahrte sie für spätere Kreationen auf. Aus den meisten Stoffstücken nähte sie Quiltdecken. An Decken fehlte es uns nie!

«Margaret», rief mir Papa nach. «Hier sind Schuhe für dich!»

Das war das letzte, was ich hören wollte. «Die passen mir bestimmt nicht!» rief ich zurück und lief weiter.

«Margaret!»

Ich blieb stehen, machte auf dem Absatz kehrt — und starrte entsetzt auf zwei Paar hohe Knopfschuhe. Ein Paar war braun und das andere schwarz.

«Probier' sie mal an.» Papas Tonfall ließ kein Wenn und Aber zu, denn manchmal ging sein Temperament mit ihm durch.

Ich jammerte, sie würden mir nicht passen. Ich versuchte, den Stiefelknöpfer zu verlegen. Ich behauptete, sie seien mir zu groß. «Gut», sagte Papa. «Dann stopfen wir eben Watte in die Spitzen.» Krankwerden gab es bei uns nicht, darum hatte es auch keinen Zweck, sich krank zu stellen. Ich mußte die Schuhe anziehen. Papa ließ da nicht mit sich reden.

Mama spürte meine Verzweiflung. Zärtlich nahm sie mich in ihre Arme und erinnerte mich leise, aber bestimmt an unser Gebet um Schuhe. «Gott hat vielleicht nicht so geantwortet, wie wir es uns vorstellten, aber Gott hat unser Gebet erhört.» Mama verdeckte mit ihrem Mitgefühl nie die tieferliegende Lektion, die wir lernen mußten.

«Stolz ist ein schlimmes Übel, Margaret», fuhr Mama fort. «Was wir an unseren Füßen tragen, das ist nicht so wichtig. Aber wohin wir unsere Füße lenken, darauf kommt es an. Manchmal müssen wir Schwieriges ertragen — wie zum Beispiel mit diesen Schuhen, damit Gott unsere Füße auf dem rechten Weg bewahren kann. Wenn du mehr darum besorgt bist, wie du aussiehst, als darum, wer du bist, dann mußt du noch viel lernen. Eines Tages wirst du rückblickend erkennen, daß dies für dich eine wichtige Erfahrung war. Denke daran: Gott antwortet immer auf unser Gebet, aber nicht immer genauso, wie wir es uns wünschen. Trage deine Schuhe mit einem dankbaren und bescheidenen Herzen. Soll ich dir das Geheimnis des Glücks verraten?»

«Ja gern, Mama.»

Sie hielt mich fest in ihren Armen und strich mir übers Haar. Dann flüsterte sie zärtlich: «Ein dankbares Herz, Margaret. Ein dankbares Herz.»

Ich dachte darüber nach, was Mama gesagt hatte, aber ich erinnerte mich auch daran, wie Papa vor einiger Zeit einmal in einer seiner Predigten erwähnt hatte, daß Gott Berge versetzen kann, wenn wir im Glauben darum bitten.

In meiner Verzweiflung betete ich: «Lieber Gott, die Bibel sagt, wenn wir Glauben haben, können wir Berge versetzen. Du brauchst für mich keine Berge zu versetzen, aber ich habe hier zwei Paar Schuhe, die versetze bitte. Dankeschön.»

Ich legte die Schuhe zusammen mit dem Stiefelknöpfer neben die Schlafzimmertür, um Gott das «Versetzen» so leicht wie nur irgend möglich zu machen. Dann schlief ich beruhigt ein.

Als es Morgen wurde, standen die Schuhe immer noch dort, wo ich sie am Abend zuvor hingestellt hatte. Gott hatte sie nicht versetzt!

«Margaret, beeil' dich, sonst kommst du noch zu spät zur Sonntagsschule!» rief Mama aus der Küche.

Eigentlich könnte ich ja meine Überschuhe über die Knopfschuhe ziehen! Erleichtert machte ich mich auf den Weg zur Sonntagsschule. Sorgfältig putzte ich mir die Füße ab, bevor ich in meine Klasse trat. Aber trotz meiner Bemühungen riefen meine Mitschülerinnen: «Margaret, du machst hier alles naß. Zieh doch deine Überschuhe aus!»

Langsam, ganz langsam zog ich meine Überschuhe aus. Da waren sie, meine hohen Knopfschuhe — für alle Welt sichtbar! Stummes Mitleid umgab mich.

Im selben Moment trat meine Freundin Dorothy herein. Auch sie putzte sich sorgfältig ihre Überschuhe auf der Fußmatte ab. Eine muntere Stimme rief laut: «Dorothy, du triefst ja förmlich. Zieh deine Überschuhe aus.»

Langsam zog Dorothy ihre Schuhe aus, und nun konnten es alle sehen: Sie hatte nur Socken an den Füßen. Meine rothaarige, sommersprossige Freundin besaß überhaupt keine Schuhe!

«Guten Morgen, Mädels!» hörten wir die frische Stimme unseres geliebten Sonntagsschullehrers mit seinem englischen

Akzent sagen. Mr. Avery, ein älterer Herr mit blauen Augen, weißem Haar und einem Spitzbärtchen lenkte die etwas peinliche Situation in die rechte Bahn.

«Dorothy, komm, setz dich links neben mich, und du, Margaret, nimm rechts neben mir Platz.» Jeden Sonntag bildeten wir einen großen Kreis, und Mr. Avery suchte sich zwei Mädchen aus, die neben ihm sitzen durften. Das war fast dasselbe, als ob wir neben dem lieben Gott hätten sitzen dürfen. Er verstand es, uns Gott so richtig liebzumachen. Niemand wollte aus seiner Klasse in eine andere versetzt werden.

An das, was er an jenem Morgen sagte, kann ich mich kaum mehr erinnern. Aber ich erinnere mich noch ganz genau, was dieser Morgen für mich bedeutete. (Ich kann mich auch noch eines Sonntagnachmittags vor vielen Jahren entsinnen. Es war in der Kirche von Winnipeg gewesen, als ich nach vorn gegangen war, um Jesus mein Herz zu übergeben. Dr. R. A. Torrey sprach damals in einer Kinderevangelisation. Ich war erst sechs Jahre alt, aber ich wußte, daß ich von jenem Zeitpunkt an Gott gehörte.)

Auch an diesem Sonntag merkte ich, daß ich eine Lektion zu lernen hatte. Mama hatte recht. Stolz ist etwas sehr Schlimmes.

Mr. Avery sagte: «Mit Jesus in deinem Herzen kannst du alles tun.» Das vergaß ich nie. Und ich kann mich noch heute an seine warme, herzliche Art erinnern, wie er den einen Arm um mich und den anderen um Dorothy legte.

Dorothy und ich verließen zusammen den Sonntagsschulraum. Unsere Schuhe knirschten im Schnee, jedes Paar auf seine Weise!

Wir sprachen nie miteinander über die hohen Knopfschuhe oder die Wollsocken. Jede lernte, wie Mama es nennen würde, ihre eigene Lektion.

An dem Tag, als ich Jesus mein Herz gab, schenkte er mir

die Erlösung. Als ich eines Tages bescheiden — und nicht mehr widerwillig — meine hohen Knopfschuhe anzog, schenkte ich Gott ein gehorsames und dankbares Herz. Damals verstand ich das noch nicht so richtig. Heute jedoch begreife ich es schon viel besser.

Kapitel neun

Zeiten der Prüfung

«Margaret, wach auf! Doris stirbt!» Mama schüttelte mich und riß mich aus tiefstem Schlaf. Ich sprang aus dem Bett und sah, wie unsere dreijährige Doris nach Luft rang.

Nach einem warmen Senfbad ließen die Krämpfe zwar nach, aber das Fieber stieg auf 41 Grad Celsius. Papa und der Arzt waren nicht in der Stadt. Grace und Gordon schliefen. Mama und ich waren allein.

«Margaret, Gottes Wort sagt: ‹Ich werde dich nicht verlassen, noch versäumen.› Jesus ist hier bei uns im Zimmer, und er ist der große Arzt. Komm, laß uns zusammen beten. ‹Vater, ich bringe dir dieses Kind. Ich habe alles getan, was ich tun konnte. Wir kommen zu dir in Jesu Namen. Bitte, mache du Doris gesund. Ich lege sie in deine Hände.›»

Mama betete leise weiter, während sie Doris mit kühlem Wasser abrieb. Dann wiegte sie die Kleine in ihren Armen und sang dabei mit sanfter Stimme die schönen Verse:

Ein feste Burg ist unser Gott,
ein gute Wehr und Waffen.

Jesu Blut und Gerechtigkeit,
das ist mein Schutz und Ehrenkleid.

Glauben und hoffen,
der Himmel steht offen.

Welch ein Freund ist unser Jesus,
nimm ihn doch bei seinem Wort.

Die ganze Nacht hindurch saßen wir beieinander und sangen Glaubenslieder. Eines der Lieder, die wir immer wieder sangen, war Mamas Lieblingslied *«Himmel og jord kan brenner»*, ein Lied über die Verheißungen Gottes, die bestehen bleiben, auch wenn alles andere wankt.

Als der erste Schein der Morgenröte die Dunkelheit besiegte, schlief Doris tief und fest. Das Fieber war gewichen. Ich mußte an die Geschichte denken, als Jesus in der vierten Nachtwache zu seinen Jüngern kam und sagte: «Fürchtet euch nicht, ich bin's.» Irgendwie wußte ich, daß er bei uns gewesen war. Mama hatte eine Prüfung bestanden und ich ein Wunder erlebt.

Ein andermal — Mama wollte gerade zu einer Beerdigung gehen, und ich sollte währenddessen auf unseren fünfjährigen Gordon aufpassen — schrie mein kleiner Bruder so gellend, daß wir alle herbeistürzten. Er war hingefallen und hatte sich dabei eine Gabel durch die Lippe gestoßen.

Mama nahm ihn auf den Schoß und preßte seine Lippe mit einem kalten Tuch zusammen. Wir Mädchen standen um den Schaukelstuhl herum, und Mama betete: «Dieses Kind gehört dir, Herr Jesus, und bei dir ist kein Ding unmöglich. Bitte, berühre doch diesen kleinen Mund mit deiner heilenden Kraft, Herr.» Inbrünstig sang sie: «Herr, unser Hirte, führe uns, wir brauchen deine Hilfe», und ihr norwegisches Lieblingslied: *«Himmel og jord kan brenner»*. Vier Stunden lang saß sie dort und preßte Gordons Lippe zusammen. Dabei sang und betete sie leise. Ich tat, was sie mir sagte, versorgte die Kinder — und kochte Kaffee für Mama.

Als die Abenddämmerung durchs Fenster fiel, war Gordons Lippe wieder heil.

«Wie sollen wir unser Baby nennen?» — «Solveig (Sonnenweg)», schlug Papa vor. Seine Tochter sollte einen norwegischen Namen bekommen! «Sie soll ‹Joyce› heißen!» bettelten wir Kinder. Uns gefiel dieser moderne englische Name.

Auf dem Weg zum Standesamt wandte Mama ihre ihr eigene Diplomatie an. Die Eintragung lautete zwar: «Joyce Solveig», aber sie versprach Papa, daß das Kind Solveig genannt würde. Was Mama im Schilde führte, war klar: Wenn das Mädchen einmal in die Schule kommen würde, hätte Papa Solveig sicherlich vergessen, und sie würde dann ‹Joyce› genannt werden. Eine Prüfung ganz anderer Art!

Als Joyce dann zur Schule ging, kam einmal eine Spielkameradin an unsere Haustür und fragte, ob sie mit Joyce spielen dürfe. «Joyce? Wer ist Joyce?» wurde von da an zu Papas Standardfrage. (Bis zu seinem vierundachtzigsten Lebensjahr nannte er sie immer noch *Min lilla Solveig*.)

Gordon hatte einen Termin in der Hals-Nasen-Ohrenklinik. Er sollte an der Nase operiert werden, weil er Schwierigkeiten beim Atmen hatte und man herausfinden wollte, woher sein übler Mundgeruch stammte. Allein beim Gedanken daran bekam ich eine Gänsehaut! Eine solche Operation hatte ich in unserem Haus in Winnipeg bereits durchgemacht. Damals hatte ich geholfen, eine Decke über den Küchentisch zu breiten, und mir dann Papas Anweisungen zu dem Kännchen Chloroform, das er in seiner Hand hielt, angehört. Danach erinnere ich mich nur noch an Papas schneeweißes Gesicht und meinen wehen Hals. Mandeln ade! Das war in unserer Küche gewesen. Aber Gordon sollte im Krankenhaus operiert werden.

Wir versammelten uns zum Gebet, und Mama erinnerte Gott noch einmal an seine Verheißung, daß — wenn wir etwas in seinem Namen bitten — er es uns geben werde. «Wir bitten dich, daß du die Ursache dieser Beschwerden beseitigst. Segne den Arzt und die Schwestern, Herr! Amen.»

In den nächsten paar Augenblicken gelang es Gordon, dem Lümmel, den Pfefferstreuer zu öffnen. Ein gewaltiger Nieser schleuderte einen Knopf, der offensichtlich seit längerer Zeit in seinem engen Nasengang festgesessen hatte, aus seiner Nase heraus durchs ganze Zimmer.

Mama sorgte dafür, daß wir aus diesem Ereignis die praktische Anwendung des Bibelverses lernten: «Mein Gott wird all eurem Mangel abhelfen.» «Und heute, Kinder, hat Gott durch einen Pfefferstreuer Heilung geschenkt!» Bei Gott ist wirklich nichts unmöglich.

Wir liebten Saskatoon! Mama freute sich an den Gartenbeeten, dem blitzblanken Haus mit dem roten Linoleum — unser Schloß im Veilchenwunderland! Wir Kinder hatten unseren Spaß an der Rodelbahn und dem gefrorenen Fluß mit den großen Pferdeschlitten.

Viele Menschen gingen bei uns ein und aus, sie sangen und beteten und fanden neue Kraft in Mamas Küche, wo der Kaffee in der Kanne auf dem dunklen Herd dampfte. Papa reiste zu den verstreuten Siedlern und sammelte sie zu Gottesdiensten.

Vor dem Schlafengehen setzten wir uns um den warmen Ofen in der Küche und hörten Lieder und Geschichten. Einige Lieder stammten aus Norwegen und erzählten von traurigen Begebenheiten am Meer — wie das Lied von dem kleinen Mädchen, dessen Vater eines Tages nicht mehr vom Fischen zurückkehrte. Es wartete und wartete und schaute ungeduldig über das Meer, denn es wollte seinem Vater ein Geburtstagsgeschenk geben. Ein anderes Lied handelte von einem verkrüppelten Kind, das keine Spielkameraden hatte. Aber der kleine Junge wußte, daß einst im Himmel die Engel mit ihm spielen würden.

Niemand mußte uns sagen, daß wir zu einem behinderten Kind nett sein sollten. Ein solches Kind würden wir aus unserem natürlichen Empfinden heraus umarmen und es an die Engel erinnern, die im Himmel einmal mit ihm spielen würden. «Und bis dahin wollen *wir* mit dir spielen.»

«Aber Mama, warum ist denn der Papa von dem Kind am Meer zu seinem Geburtstag nicht nach Hause gekommen?» wollten wir wissen.

«Das Leben stellt uns viele Fragen, die sich nicht beantworten lassen, Kinder. Darum müssen wir so früh wie möglich lernen, Gott zu vertrauen und ihm zu gehorchen. Und deshalb ist es auch so wichtig, daß ihr euren Eltern gehorsam seid. Wenn wir Vater und Mutter nicht gehorchen, wie wollen wir dann Gott gehorchen? Die innere Freude schenkt uns Gott. Sogar das kleine Mädchen, das so traurig war, weil sein Papa nicht nach Hause kam, konnte in seinem Herzen fröhlich sein, denn sein im Sturm verunglückter Vater war ja nun bei Jesus. Manchmal werde ich traurig, wenn ich an Bernice denke, die in New York begraben liegt. Doch wenn ich bedenke, daß sie ja jetzt bei Jesus ist, dann werde ich froh. Sterben hat seine Zeit, und geboren werden hat seine Zeit. Weinen hat seine Zeit, und Lachen hat seine Zeit. Ein Tag ist nie wie der Tag, der vergangen ist, und nie wie der Tag, der kommen wird. Aber wenn wir uns ein dankbares, fröhliches Herz bewahren und Gott vertrauen, haben wir zu allen Zeiten Frieden.»

«Mama, sing uns doch bitte das Lied von dem Vogel, der fortfliegt.»

Sanft begann Mama zu singen: «Flieg wie ein Vogel auf die Berge, der du verstrickt bist in Schuld.» — «Wenn ihr Gutes denkt und fest glaubt, daß Gott Gebet erhört, könnt ihr immer wie die Vögel fliegen. Eines Tages, meine Mädchen, werde ich euch weiche, weiße Nachthemden nähen — aus herrlichem Stoff und nicht aus groben Futtersäcken. Auf die Nachthemden werde ich einen blauen Vogel sticken, den blauen Glücksvogel. Denkt immer an den blauen Vogel, Kin-

62

der! Ja, eines Tages werde ich das tun — jetzt noch nicht, aber irgendwann. (Anm. d. Übers.: Bühnenstück von Maurice Maeterlinck: «Der Blaue Vogel». Zwei Kinder gehen in die Welt und suchen vergeblich den Blauen Vogel, der Glück bringen soll. Enttäuscht kehren sie heim. Da sehen sie zu Hause im Käfig ihren eigenen kleinen Vogel. Er ist blau! Er war immer blau!)

Wir wußten, daß Mama niemals leere Versprechungen machte. Jahr für Jahr wiederholte sie: «Eines Tages werde ich euch Nachthemden aus neuem, weichem, weißen Stoff nähen mit dem blauen Glücksvogel darauf. Eines Tages!»

Wir warteten. Ein Weihnachtsfest nach dem andern kam und verging, bis schließlich die Erfüllung von Mamas verheißungsvollem Versprechen in Schachteln unter dem Christbaum lag: die Nachthemden mit dem Glücksvogel, liebevoll in langen Nächten für uns genäht.

«Mama, Mama!» rief Papa. «Sieh dir diesen Brief an! Ein Ruf nach Chicago!»

So begeistert hatten wir Papa noch nie gesehen! Erst später erfuhren wir, wie sehr er New York, die Büchereien, die U-Bahnen und Universitäten vermißt hatte. Daß dieser «Ruf» Mamas schwerste Prüfung werden sollte, ahnten wir damals nicht.

«Das ist die Antwort auf meine Gebete, Mama. Das ist Gottes Wille für uns! Schulen und Bibliotheken, Mama!»

Schweigen.

Ein Sturm braute sich zusammen.

«Ich komme nicht mit!» sagte Mama schließlich bestimmt.

War das ein Schock! Wie eine Springflut schlug es uns entgegen: Mama hatte Papa widersprochen!

«Ich kann dieses Haus nicht aufgeben — und mein rotes Linoleum schon gar nicht. Chicago ist schmutzig und laut und voller Gangster! Zum erstenmal haben wir nun endlich einmal ein eigenes Haus, unseren eigenen Garten. Die Kinder sind glücklich. Wenn du Schulen und Büchereien brauchst — die gibt es auch hier in Kanada. Ich bleibe hier!»

Spät in derselben Nacht hörte ich noch einmal die gleichen Worte: «Ich werde von hier nicht fortgehen!»

Papa argumentierte und bettelte. Dann spielte er seine letzte Karte aus: «Mama, es ist Gottes Wille!»

Sich Papa zu widersetzen war eine Sache, aber Gott zu widerstehen, das war etwas anderes.

«Gut, Papa. Wenn das wirklich Gottes Wille ist, dann muß mir Gott das schon selber sagen. Wenn dieser Wille auch mich betrifft, habe ich ein Recht, ihn persönlich zu erfahren!» Mama war eigenständig geworden und blieb es auch bei anderen Gelegenheiten. In den kommenden Jahren sollten wir diesen Ausspruch noch öfter hören.

«Ohne einen klaren, persönlichen Auftrag kann Gott nicht von mir erwarten, daß ich das einzige Stückchen Heimat, das ich je besessen habe, wieder aufgebe. Ich gehe nicht eher von hier fort, bevor er nicht genauso klar und deutlich zu mir gesprochen hat wie zu dir.»

«Ja Mama, das ist schon in Ordnung! Jetzt laß uns noch zusammen ein Täßchen Kaffee trinken, bevor wir schlafen gehen.»

Mama bohnerte ihr Linoleum, arbeitete im Garten und backte ihr Brot, während ihre fröhlichen Lieder erklangen. Gott war ein guter Gott. Er würde ihr dieses geliebte Haus nicht wegnehmen. Überglücklich sang sie: «Trust and obey, for there's no other way» (Vertraue und gehorche, einen anderen Weg gibt es nicht).

Sie legte wie Gideon ihr Vlies vor Gott aus. «Herr, ich möchte deinem Willen gehorchen, aber ich muß erst wissen, ob es dein Wille ist. Wenn jemand kommt und dieses Haus ohne vorherige Anzeige und ohne ein im Garten aufgestelltes Schild kaufen will; und wenn dieser Jemand das rote Linoleum für den Preis, den ich dafür bezahlt habe — nämlich einen Dollar —, dazu kaufen möchte, dann weiß ich, daß es dein Wille ist. Bitte zeige mir, was dein Wille ist.»

Einige Häuser in der Umgebung waren zum Verkauf angeboten. Deshalb war Mama ganz unbesorgt, daß sich irgend jemand für ihr kleines Häuschen interessieren könnte. Unbekümmert sang sie weiter ihre Lieder.

«Entschuldigen Sie bitte!» — Eine gepflegte Dame stand in der Tür. «Ich kam gerade hier an diesem hübschen Haus vorbei. Haben Sie zufällig die Absicht, es zu verkaufen?»

«O nein!» antwortete Mama schnell. «Dieses Haus könnte ich nie verkaufen. Oder warten Sie mal einen Moment. Darf ich Ihnen eine Tasse Kaffee anbieten?»

«Was für ein schönes Linoleum», fuhr die lächelnde Dame fort. «Würden Sie mir das Linoleum auch verkaufen? Ich habe mir schon immer rotes Linoleum gewünscht!»

Mama faltete ihre Hände über ihrer gestärkten Schürze. Sie mußte die Waffen strecken. «Ja, wir wollen das Haus verkaufen — und das rote Linoleum auch.»

Mit ihren Lippen sagte sie ja zu der freundlichen Dame. Mit ihrem Herzen sagte sie ja zu Gottes Willen. Gott hatte geredet! Sie wollte vertrauen und gehorchen.

Und so geschah es, daß sowohl das Haus in der Avenue J als auch das rote Linoleum verkauft wurden; und bevor wir uns recht versahen, waren wir schon auf dem Weg nach Chicago.

Fünf junge Gesichter preßten ihre Nasen gegen die verrußten Scheiben, als der Zug an Wiesen, Seen und Flüssen vorüberflog. Tränen tropften gegen meine Fensterscheibe, denn ich würde Sivert, meine erste Liebe, wohl niemals wiedersehen.

Papa, mit der aufgeschlagenen Bibel auf den Knien, lächelte triumphierend. Er fuhr seinen geliebten Bibliotheken, Seminaren und Untergrundbahnen entgegen und kehrte in den Pfarrdienst zurück, diesmal als Pastor der Logan Square

First Norwegian Baptist Church. Die viele Herumreiserei hatte damit endlich ein Ende!

Die schlafende Solveig auf dem Schoß, blickte Mama gedankenverloren über die goldenen Getreidefelder, während die untergehende Sonne einen warmen Schein der Liebe Gottes auf das gelbe Haus in der Avenue J warf.

Gott hatte ihr seinen Willen genauso deutlich gezeigt wie Papa.

Kapitel zehn

Nächster Halt: Chicago!

Das einsame Pfeifsignal der Lokomotive war für die Kinder vom Land ein Lockruf: Sie rannten zur Bahnschranke, um dem Lokführer in dem fauchenden und rauchenden Ungeheuer zuzuwinken. Die Menschen auf den Feldern unterbrachen ihre eintönige Arbeit für einen Augenblick, winkten und träumten von der großen weiten Welt. Mütter schwenkten ihre Taschentücher und hielten ihre Kleinsten hoch, damit diese den vorbeifahrenden Zug sehen konnten.

Wir, die wir im Zug saßen, entdeckten ein ganz neues Leben: Mahlzeiten aus Papiertüten, Wasser aus Wasserspendern, schwankende Ausflüge zu anderen Zugabteilen. Dabei balancierten wir gegen die rhythmische Bewegung des Zuges und lächelten Fremden zu. All das gehörte zu der geheimnisvollen Welt einer Eisenbahnreise.

Müde zählten wir das monotone Klick-Klack-Klick-Klack der Räder und wurden so auf roten Plüschsitzen in den Schlaf gewiegt. Der allgegenwärtige Ruß und Schmutz störte Mama mehr als uns. Wir freuten uns an der dicken Rauchfahne, dem Pfeifen der Lokomotive, dem gemütlichen Schaffner und an den vielen freundlichen Gesichtern.

«Nächster Halt: Chicago Hauptbahnhof!» Gewaschen und gekämmt saßen wir aufrecht und gespannt neben Mama. Da quietschten schon die Bremsen. Wir waren angekommen.

Tausende von Lichtern tanzten gegen den dunklen Nachthimmel. Überall Menschen — wohin man auch blickte. Ängstlich schaute ich mich nach Gangstern um.

Papa, der auch hier nicht den Überblick verlor, manövrierte uns und das Gepäck zum Wartesaal, wo wir von Mitarbeitern der Gemeinde abgeholt wurden. In dieser Stadt erwartete uns kein eingerichtetes Pfarrhaus. Während die Erwachsenen miteinander sprachen, warteten wir Kinder geduldig an ihrer Seite. Dann erfolgte die elterliche Anweisung: Grace, Gordon und ich (als Verantwortliche) sollten mit den Rossings fahren. Die Knudsens nahmen Papa, Mama, Doris und Solveig als Gäste zu sich nach Hause. In der Zwischenzeit würde man weiter nach einer geeigneten Wohnung in der Nähe der Kirche Ausschau halten.

Kurz entschlossen wurde die Familie getrennt und auf zwei chromglänzende Automobile mit richtigen Glasfenstern verteilt. Durch die Fenster von Papas Ford, den wir in Kanada zurückgelassen hatten, hatte man ja nur wie durch zugezogene Gardinen sehen können! Soweit das Auge reichte: bimmelnde Straßenbahnen, Busse, Autos und dazwischen Polizisten mit ihren schrillen Pfeifen. — War das Chicago? Viele Fragen gingen mir durch den Kopf: Wo spielten Kinder, wenn hier Häuser wie Bausteine reihenweise aufeinandergestapelt waren? Es war Schlafenszeit. Warum lagen die Kinder noch nicht im Bett? In Saskatoon war um neun Uhr für jedes Kind Zapfenstreich. Wohin hetzten die vielen Menschen um diese Zeit?

Ich drückte Grace und Gordon enger an mich. Vor diesem neuen Leben mußte ich sie beschützen! Ein Kloß schnürte mir die Kehle zu. Ich vermißte den Wind und die Weite.

Papa dagegen war hellauf begeistert. Er saß vorn neben Herrn Knudsen und freute sich am Verkehr, den Geräuschen der tosenden Stadt und an den hellerleuchteten Wolkenkratzern, die in den sternenlosen Himmel ragten. Er sehnte sich förmlich nach diesen Straßen, die ihm noch aus seiner Studentenzeit vertraut waren. Hier fand er seine großen Universitäten und Bibliotheken. Hier war er zu Hause.

Mama, die Doris und Solveig im Arm hielt, dachte an ihre Küche, die Kaffeekanne und das rote Linoleum. Sie spürte die warme Sonne über den Veilchenwiesen und den sanften Wind aus der Steppe. «Heute abend darf ich ein paar Tränen für mein kleines Haus vergießen», dachte sie. «Aber ab morgen wird nicht mehr geweint!» — Gott hatte geredet. Deshalb wollte sie vertrauen und gehorchen. Gott macht keine Fehler.

Das Auto, in dem Mama saß, fuhr in eine Seitenstraße und hielt vor einem herrlichen Bungalow. Die Knudsens und ihre Töchter hießen sie mit einer norwegischen Kaffeetafel willkommen.

Der glänzende Wagen von Pete Rossing fuhr in die Einfahrt seines geräumigen Hauses, das an jeder Seite eine Veranda hatte. Mrs. Rossing und ihre Kinder Ray und Helen begrüßten uns. Solch eine schöne Küche mit einem strahlend-weißen Spülbecken und Glasschränken hatte ich noch nie gesehen! Hier gab es keinen Kohleherd oder Schaukelstuhl und auch keinen Wasserbehälter. Der Kaffeetisch war bereits gedeckt. Jeder von uns bekam einen Teller, auf dem eine riesige Pfirsichhälfte lag. Da ich mich ja um meine Geschwister kümmern sollte, stellte ich sofort zwei Teller zur Seite und teilte die restliche Pfirsichhälfte in drei Stücke. «Wir teilen immer», sagte ich zu Mrs. Rossing. «Dann haben wir für morgen und übermorgen auch noch ein Stück Pfirsich. Apfelsinen teilen wir in sechs Stücke», fügte ich erklärend hinzu. Ich wußte nicht so recht, warum die Rossings lachten, deshalb stimmte ich einfach ins Gelächter mit ein. Als Ray mir später die Vorratskammer zeigte, in der eine stattliche Anzahl Konservendosen mit «Del Monte»-Pfirsichen aufgereiht war, wurde mir klar, daß es keinerlei Versorgungs-schwierigkeiten geben würde.

«Eßt die Pfirsiche, Kinder! Morgen gibt es neue», versprach Mrs. Rossing.

Wir genossen jeden Bissen.

«Kommt, ich helfe euch beim Baden», schlug Mrs. Rossing vor, nachdem wir die Pfirsiche gegessen und einen Becher Milch getrunken hatten.

«Danke, das ist nicht nötig», antwortete ich schnell. «Ich versorge die Kleinen schon allein. Wir brauchen keine Hilfe.»

Wir wurden in ein großes, weißgekacheltes Badezimmner geführt. Warmes Wasser strömte in die Wanne. Schnell lief ich zum Wasserhahn und drehte ihn zu. «Unser Wasserwagen kam nur zweimal die Woche. Ein Faß Wasser kostete bei uns fünfundzwanzig Cents. Darum gingen wir äußerst sparsam mit Wasser um. Wir badeten immer am Samstagabend in einem runden Waschzuber in der Küche, zuerst die Kleinen und zuletzt ich. Mama benutzte für sich frisches Wasser zum Haarewaschen und zum Baden. Ich durfte ihr den Rükken waschen. Wenn sie sich nach dem Bad ihr sauberes Flanell-Nachthemd anzog, drehte ich mich um. Dann setzte sie sich ans Feuer, um ihre Haare zu trocknen. Ich, als die Älteste, blieb samstags immer mit Mama auf, und wir tranken zusammen Kaffee. Papa war meistens nicht zu Hause. Mama pflegte zu mir zu sagen: ‹Eines Tages bekommst du auch dein eigenes, sauberes Badewasser.›»

Mrs. Rossing versicherte mir, daß genug Wasser für alle da sei, und begann, die Kleinen auszuziehen.

«O nein. Das mache ich!» Mama hatte mir noch extra eingeschärft, daß niemand unsere schmutzige Unterwäsche sehen dürfe, die von der langen Reise ganz verrußt war. In meiner Tasche hatte ich für jeden saubere Sachen. Ich wollte die schmutzige Wäsche selber waschen, um uns nicht zu blamieren.

Mit einem weichen Waschlappen und einem großen Stück weißer, duftender Seife badete ich Grace und Gordon. Dann hüllte ich sie in ein luxuriöses Badetuch, trocknete ihnen das hellblonde Haar und zog ihnen saubere Unterwäsche an.

Kurze Zeit später steckten sie schon unter weichen Decken. Die lange Reise war zu Ende.

Ich ging zurück ins Badezimmer und zögerte einen Augenblick, als ich das schmierige Wasser sah. Kurz entschlossen ließ ich die Brühe ablaufen. Heute abend leistete ich mir mein erstes eigenes Bad mit frischem Wasser.

Dort in jenem hellen Badezimmer mit der Badewanne voll warmem Wasser wurde der runde Waschzuber in unserer alten Küche zum Erinnerungsstück. Ich mußte lächeln, als mir einfiel, wie Mr. Hansen eines Samstagabends unangemeldet in unsere Küche spazierte. Mama hatte die Wanne mit mir unter die Tischdecke geschoben und beschwatzte Herrn Hansen, sich doch ins Wohnzimmer zu begeben. — Irgendwie spürte ich, daß jene sorgenfreie Zeit der Vergangenheit angehörte. Die alten Freuden waren unwiederbringlich vorbei; ich mußte an einem neuen Ort neue Freuden entdecken. Mama sagte immer, wir trügen unsere Freude in uns. Ob wir wohl jemals wieder in einer anderen Wohnung mit Mama in der Küche sitzen würden, in der sie uns Geschichten erzählte und Lieder vorsang, während Papa über Land reiste?

Tränen tropften ins Badewasser. Ich sehnte mich nach dem kleinen Haus in der Avenue J, dem Schaukelstuhl am Ofen, Mamas Veilchen auf einem frischgestärkten Tischtuch — und sogar nach dem roten Linoleum. «Weinen hat seine Zeit», hatte Mama gesagt. Vielleicht war dies jetzt die Zeit, hier in der Badewanne, um auch die Traurigkeit mit abzuwaschen. Morgen schon war Zeit zum Freuen. Mama versprach uns immer noch: «Denkt an die blauen Vögel. Jetzt noch nicht — aber eines Tages kommen sie geflogen.» Ich mußte mir die Hoffnung bewahren. Schnell ließ ich das Wasser und die Tränen ablaufen und machte das Badezimmer sauber. In der braunen Tasche konnte die rußige Wäsche ruhig bis morgen warten. In meinem langen Nachthemd stand ich groß und aufrecht vor dem Spiegel. Ich war kein Kind mehr. Ich war schon zwölf Jahre alt.

In Helens weichem Bett schlief ich schnell ein und träumte von weißen Nachthemden und blauen Glücksvögeln.

Nach einem Monat fand Papa eine Sechs-Zimmer-Wohnung. Die Logan Square Church war von hier aus zu Fuß erreichbar.

Der Möbelwagen fuhr mit unseren wenigen Habseligkeiten vor, und Mama war ganz erleichtert, ihre Singer-Nähmaschine wiederzusehen. In Kanada hatte Papa sie kurzerhand vom Möbelwagen heruntergenommen und den Möbelpakkern erklärt: «Die alte Maschine bleibt hier!» Mama sah das anders: «Sie näht doch noch!» Die Nachbarskinder verfolgten mit großem Entzücken, wie die Nähmaschine erneut auf den Lastwagen gehoben wurde und wie Papa sie wieder herunterholte. Bis zum Wiedersehen in Chicago war Mama sich nicht sicher, wie die Sache nun ausgegangen war. In einem günstigen Augenblick hatte sie einem der Möbelpacker zugeraunt: «Wenn Papa gerade mal nicht hinschaut, stellen Sie die Nähmaschine doch bitte wieder auf den Wagen. Es gibt Dinge, von denen er einfach nichts versteht.»

Die Möbelpacker hatten es geschafft! Papa, vollauf beschäftigt mit der Sorge um seine wertvollen Bücher, nahm keine weitere Notiz von der Nähmaschine. Später wurde sie in einer dunklen Ecke unter einer bestickten Tischdecke verstaut. Der Vorfall war somit vergessen, das heißt — bis zum nächsten Umzug ...

Jede Ecke und jeder Winkel unserer neuen Wohnung wurde geschrubbt und poliert für den Fall, daß unsere Vorgänger keine Norweger gewesen sein sollten. Unsere Spitzenvorhänge spannten wir auf Holzrahmen, nachdem wir sie mit Linet-Stärke behandelt hatten. Ein Teppich mit Rosenmuster — ein Geschenk — lag auf dem Parkettboden im Wohnzimmer. Zarte Spitzendeckchen bedeckten Rücken- und Arm-

lehnen von Sofa und Sesseln. Vor den Spitzenvorhängen
stand Mamas hochgeschätztes Eigentum, ein kleiner Maha-
goni-Tisch, den ihr jene jüdische Dame, für die sie als Fünfzehnjährige in New York City zu Diensten war, geschenkt
hatte. Auf diesem Tischchen stand eine schlanke Kristallvase, ein Symbol der Schönheit und Kultur, eine Hoffnungs-
trägerin, die in die Zukunft wies. Jedesmal, wenn ich den
Tisch polierte, behandelte ich die Vase mit äußerster Sorg-
falt.

Unser Zuhause war Mama, die Küche war der Kaffeepott,
der Schaukelstuhl bedeutete Sicherheit. Wir waren daheim.
Ein Gasherd ersetzte den Kohleherd, und ein kleiner Alles-
brenner in der Küche gewährte dem Wasserkessel seinen
Stammplatz. Der alte Schaukelstuhl allerdings wurde zum
Streitobjekt zwischen Mama und Papa. Papa verstaute unseren «Zufluchtsort» im Keller. «Die Leute in Chicago haben
keine Schaukelstühle in ihrer Küche, Mama!» Papa kannte
keine Kompromisse. Mama hingegen wußte, wann sie nach-
zugeben hatte — wenn auch nur vorübergehend. Ein paar
Tage später meinte sie: «Kinder, die Zeit ist günstig, um den
Schaukelstuhl wieder aus dem Keller zu holen.» Wir ergriffen die Initiative, und der Stuhl wurde die zwei Etagen
durchs Treppenhaus gehievt — das heißt, bis Papa ihn erneut entdeckte (dazwischen können Monate gelegen haben)
und ihn wieder in den Keller verbannte. Mama wartete wieder auf eine günstige Gelegenheit, die bald kommen sollte.

Onkel Barney tauchte urplötzlich in unserer Wohnung in
der zweiten Etage auf und rief einen riesigen Jubel ungestü-
mer Begeisterung bei uns Kindern hervor.

«Ohne die schönsten Mädchen der Welt hat Kanada seinen Reiz verloren», meinte er mit einer gespielten Verbeugung. «Und außerdem kann keiner so gut Kaffee kochen wie
Mama.» Mit einem Augenzwinkern zu Mama fügte er
hinzu: «Dazuhin muß ich in dieser bösen Stadt ein waches

Auge auf den Pastor haben. Er kennt die Gefahren der Welt nicht!» Dann nahm er uns alle in den Arm und sagte: «Diese Tweten-Mädchen sind einfach zu hübsch, als daß man sie ohne Begleitung in dieser Stadt herumspazieren lassen könnte. Deshalb hat sich der alte Barney nach Chicago aufgemacht.»

Wie weltfremd unser Papa auch manchmal sein konnte! Eines Tages, als ich den Radiosender WLS eingeschaltet hatte und mir gerade flotte Tanzmusik anhörte, erklärte ich Papa, dies sei der Sender des Moody Bible Institutes. Papa meinte daraufhin zu Mama gewandt: «Weißt du, Mama, Moody ist auch ganz schön weltlich geworden.»

An jenem Abend war unsere Küche gemütlich und voller Lachen. Barney zupfte die Saiten seiner Mandoline, während Papa seinen Fuß im Takt dazu bewegte. Mama nahm die heißen Roggenbrote aus dem Ofen und versprach mir beide Anschnitte.

«Meine Mädels und ich
sitzen um Mamas Tisch,
und noch Solveig dabei,
das macht drei!»

«Noch eins, Barney, bitte!» riefen wir im Chor.

Barney sang: «I'm coming back to you, my hula hu» und dann das klagende Lied von dem Fischer und seiner Tochter. Dabei schritt er auf und ab und dichtete immer wieder neue Texte auf die alten Melodien. Wenn er norwegische Lieder sang, stimmten Mama und Papa mit verklärtem Blick mit ein. Auch wir sahen die Fjorde, die Klippen und die Mitternachtssonne vor uns.

Mama goß den Kaffee in die bereitstehenden Becher und schnitt das warme Brot an. Papa und Barney lachten laut über vertraute norwegische Witze. Mamas Augenblick war ge-

kommen: «Barney, würdest du mir bitte meinen Schaukelstuhl aus dem Keller holen?» Sie schenkte Kaffee nach und
tätschelte Papas Wange.

Papa zog Mama impulsiv auf seinen Schoß und gab ihr
einen Kuß. «Ja, Barney, laß uns Mamas Schaukelstuhl hoch-
holen!»

Der Sonntag war Papas Tag. Dann stand er bereits früh am
Morgen auf und sang: *Tille Nu Pa Sundags Morgan»* (Früh
an jedem Sonntagmorgen). Mit großen Schritten schritt er
den Korridor auf und ab, las den Bibeltext laut vor und
predigte der aufgehenden Sonne.

Mama war in der Küche dabei, die letzten Vorbereitungen
für das Sonntagsessen zu treffen. Der Tisch war schon am
Vorabend gedeckt worden. Alles lag bereit für den Tag des
Herrn.

Im Gotteshaus erhob sich Papa und kündigte das erste Lied
an: *«Lover den Herre, den mektige Konge»* (Lobet den Herren, den mächtigen König der Ehren). Er war eine stattliche
Erscheinung.

Mama und wir Kinder saßen ruhig und ehrfürchtig mit
gefalteten Händen, denn hier waren wir zu Hause, in der
Logan Square Norwegian Baptist Church in Chicago.

Dienstag abends war Chor- und Orchesterprobe. Einige
Musiker kamen von weit her und waren zwei Stunden mit
U-Bahnen oder Bussen unterwegs. Mama spielte Gitarre, aber
sie konnte keine Noten lesen. Ihr wurden die Akkorde über
die Noten geschrieben. Bis wir uns endlich für norwegische
oder englische Lieder entschieden und unsere Instrumente
gestimmt hatten, blieb meist nur noch wenig Zeit zum Üben.

Der absolute Höhepunkt des Gottesdienstes am Sonntag-
abend war Papas Ankündigung: «Und nun hören wir den
Chor.» Das war das Zeichen für die Musikanten und Sänger,
sich von ihren Plätzen zu erheben, sich dann durch die dicht-
besetzten Kirchenbänke zu zwängen, feierlich den Gang nach

vorn zum Dirigentenpult zu durchschreiten und dort Platz zu nehmen. Sie kamen nie auf die Idee, sich bereits vor dem Gottesdienst dort zu plazieren, denn dies war schließlich ihre große Stunde! Nach einer langen Woche im Dienst für andere Menschen in einer englischsprechenden Gesellschaft war dies jetzt ihr eigener, ganz persönlicher Gottesdienst. Hier waren sie zu Hause, in ihrer Kirche mit ihren eigenen Liedern. Manchmal begannen sie in gebrochenem Englisch, aber ihr Gesang ging meist sehr bald in norwegische Lieder über. Bis auf einige ganz junge Leute schien das niemanden zu stören. Wir Kinder konnten nie so recht verstehen, warum sich amerikanische Besucher immer Lieder von unserem Instrumentalkreis wünschten.

Herr Lundaman spielte Geige und dirigierte den Chor mit seinem Bogen. Eines Abends dirigierte er mit viel Schwung und Begeisterung: *«Han Skal Åpne Perla Porten»* (Er wird die Perlentore öffnen), und der Chor wiederholte das Lied mindestens sechsmal. Mit einer ausholenden Geste brachte er den Chor zum Schweigen, und wir glaubten, die Perlentore müßten sich augenblicklich vor uns auftun.

Herr Nilson spielte Mandoline. Als sich dann an einem Heiligabend die Perlentore tatsächlich für ihn auftaten, trauerten jung und alt um den fröhlichen Norweger mit seiner Mandoline.

Hans spielte Zither. Die auf seinem Gemüt lastende Einsamkeit schien sich nur in solchen Augenblicken zu lüften. Es gab viele Gitarren, deren Klänge sich mit Herrn Lundamans Violinensoli harmonisch vereinten.

Einer von Papas dankbaren Neubekehrten schenkte mir ein zehnsaitiges Instrument, das wie eine Ukulele gespielt wird. Unter dem Gekicher meiner Freundinnen marschierte ich mit den «alten» Norwegern den Gang entlang zum Dirigentenpult. Ich wäre am liebsten vor Scham in den Erdboden versunken, aber nur ein Blick von Papa genügte, um mich auf den Beinen zu halten. Niemand in unserer Familie machte Papas Dienst Unehre, indem er sich etwa weigerte, dem Herrn zu dienen.

Papa schätzte überzeugende Theologen sehr, und deshalb hatte unsere Gemeinde am Logan Square hin und wieder angesehene Bibelkenner zu Gast. So wurde an einem denkwürdigen Sonntag Dr. James M. Gray, Pfarrer der Reformed Episcopal Church und Leiter des Moody Bible Institutes in Chicago, von Papa zur Kanzel geleitet. Die versammelte Gemeinde erhob sich und drückte damit dem berühmten Gast ihre Dankbarkeit aus. Die Kirche war proppenvoll! Der Instrumentalkreis spielte. Der Chor sang. Die Gemeinde stimmte wie aus einem Munde mit ein: «Ein feste Burg ist unser Gott.» Auch diesmal sangen einige norwegisch und andere englisch. Doch das spielte überhaupt keine Rolle. Dies war ihre Kirche, und ihr Gott war mit ihnen in dieses neue Land gezogen. Mit einem Blick in Dr. Grays Gesicht wußte ich, daß er dafür Verständnis hatte.

Dr. Gray wurde von einem Solisten vom Radiosender des Moody Bible Institutes begleitet, der mit seinem wunderschönen Tenor sang: «What shall I give Thee, Master?» Als er das Lied beendet hatte und sich gerade wieder setzen wollte, wurde er von einer untersetzten norwegischen Großmutter gebremst. Diese stand auf und rief: «Junger Mann, singen Sie dieses Lied doch noch einmal, es war so wunderbar!» Der Tenor ging wieder nach vorn und sang für die Großmutter. Darauf erhob sich die alte Dame erneut, bedankte sich für die Zugabe und nahm wieder Platz. Dr. Gray schmunzelte. Schließlich war es *ihre* Kirche. Und auch Papa verstand sie.

Dr. Gray, der mit seinem silbernen Bart überaus würdig aussah, betrat Papas Kanzel. Ehrfurchtsvoll öffnete er die Bibel und hielt eine gewaltige Predigt. Papas Gesichtsausdruck gab wider, was seine Gemeinde empfand. Dieser Mann war zwar kein Norweger, aber er kannte ihren Gott.

Draußen toste der Verkehr Chicagos, während in der Kirche die Norweger und ihr Gast gemeinsam sangen:
«Gesegnet sei das Band, das uns im Herrn vereint.»

Kapitel elf

Das Picknick

In den heißen Sommermonaten hing Mamas Montagswäsche schon früh an der Wäscheleine. Weiße Bettücher, bestickte Kopfkissenbezüge, Leinentischtücher und Servietten flatterten im Morgenwind. Papas Sonntagshemd blähte sich wichtig auf, während die Unterwäsche dagegen in einer etwas versteckten Ecke dicht an dicht trocknete. Mamas Unterwäsche trocknete einsam auf dem Balkon. Handtücher wurden der Größe nach angeklammert. Der Wind von Chicago fuhr rasselnd durch fünfunddreißig gestärkte Kleider, Schürzen und bestickte Hauskittel, die wir nachmittags zum Kaffee trugen. Die Sonne flimmerte durch den diesigen Tag.

Dienstags käme dann der Korb mit Bügelwäsche dran, aber Montag war «Picknick-Tag»! Papa griff nach seiner Bibel und einem Spurgeon-Buch, um sich von seinem anstrengenden «Ruhetag» zu erholen, und trieb uns mit seiner gewohnten, ungeduldigen Art zur Eile an. Das Haus war aufgeräumt, und das Essen stand, in diverse Behältnisse gepackt, bereit. Kurz vor zehn Uhr standen wir schon an der Ecke Wrightwood und Kimball und warteten auf den Bus zur Diversey Avenue. Hoffentlich würden wir alle einen Sitzplatz finden!

In einer Tasche stand der Topf mit den Fleischklößchen und der Soße. Er war fest mit Handtüchern umwickelt, damit die Klößchen warm blieben. Eine andere Tasche barg Waffeln mit geschmolzener Butter und Zucker. Auch sie waren in Handtücher eingewickelt. Roggenbrot, Käse, Marmelade, Plätzchen und Kuchen füllten eine dritte Tasche. Geschirr und

Tischtuch waren in einem anderen Behältnis verstaut worden. Mamas Stopfzeug kam zu den Milchkrügen und Kaffeekannen. Jedes freie Eckchen war mit Badezeug ausgestopft.

Papa (mit Joyce Solveig und seinen Büchern auf dem rechten Arm und der Fleischklößchen-Tasche in der linken Hand) steuerte Mama und die Decken, Kopfkissen und Taschen tragenden Kinder voran in den Bus. Der ausdruckslose Fahrer rechnete langsam den Fahrpreis aus. Fleischklößchenduft durchströmte den Bus. Nach einer halben Stunde Fahrt rief der Busfahrer sichtlich erleichtert: «Nächster Halt: Diversey Beach», und Mama zählte die Köpfe, Taschen und alles, was sie fürs Picknick vorbereitet hatte.

Der Anblick der Wellen, die an den Strand des Michigan-Sees anrollten, ließ uns unsere enge Wohnung in der zweiten Etage in Chicago und die drückende Hitze dort augenblicklich vergessen. Ein Badetuch als Kabine erleichterte unseren fliegenden Kleiderwechsel. Papa wanderte am Strand entlang und las laut seinen Spurgeon. Wir stürzten uns in die Wellen. Sehnsüchtig schaute Mama über das Wasser und dachte an ihre Heimat am Meer, an die Klippen und Fjorde, an das Land der Mitternachtssonne. Die leichte Brise in ihrem braunen Haar weckte in ihr die Erinnerung an die kanadische Prärie und an ihr eigenes Häuschen. Mit einem leichten Seufzer nahm sie ihr Stopfzeug zur Hand und ließ das Holzei in die Fußspitze eines bedürftigen Sockens gleiten. Auf ihren Knien lag ein aufgeschlagener Gedichtband, die Stopfnadel flog nur so hin und her. Die Schönheit der Worte erfrischte ihre Seele bei der Arbeit.

Gegen Mittag kam Papa von seinem Ausflug mit Spurgeon zurück und gab seiner triefenden und vor Begeisterung schnatternden Brut ein Zeichen, ihm zu folgen. (Wir hatten immer den Verdacht, daß Papa mehr über Spurgeon als über seine eigenen Kinder wußte.)

Das gestärkte Tischtuch wurde auf dem Gras ausgebreitet,

und jeder bekam seine Serviette. Mama hatte sie aus Futtersäcken genäht und jede unterschiedlich bestickt. Wir sprachen andächtig ein norwegisches Tischgebet, und dann verteilte Mama Fleischklößchen mit Soße und die gekochten Kartoffeln und Möhren auf unsere Teller. Dünne, mit Butter bestrichene Roggenbrotschnitten vervollständigten das Menü. Als Nachtisch gab es ein Stück Biskuitkuchen und eine Apfelhälfte. Im Hintergrund hörten wir den Eiswagen bimmeln, aber wir brauchten gar nicht erst nach der schokoladenüberzogenen Köstlichkeit zu schielen. Unser Kleingeld war sorgfältig für die Busfahrt abgezählt worden. Wir wuschen unser Geschirr an einer Quelle ab und stillten dort auch unseren Durst.

«Alles hat seine Zeit», und nun war Zeit zur Ruhe. Mitten im lauten Strandgewimmel kuschelte Mama Joyce Solveig in ihren Arm und machte ihre übliche Siesta. Doris und Gordon saßen schweigend daneben und schauten ein Buch an, während Papa in seiner Bibel las. Grace und ich beobachteten das bunte Treiben am Strand.

Eine Mutter winkte heftig ihren Kindern und rief laut: «Nein Sammy, nein, du gehst mir nicht ins Wasser!» Dann wandte sie sich an ihre Nachbarin: «Wie oft habe ich ihm das schon gesagt, aber glauben Sie, diese Kinder würden mal gehorchen? — Rebecca, komm sofort hierher! Nein, das Wasser dürft ihr nicht trinken!» Sie wandte sich erneut an ihre Freundin auf der Decke daneben: «Nun komme ich extra hierher, um ein wenig Ruhe zu finden, und was habe ich davon? Kopfschmerzen und Magenbeschwerden! Jake? Der hat doch keine Ahnung! Er sagt nur immer: ‹Heute fährt der Papa euch und Mama an den Strand und holt euch dann nach der Arbeit wieder ab.› Rebecca! Rebecca! Strandwärter, Strandwärter! Hilfe! Meine Becky geht unter!»

Mama setzte sich auf und lächelte: «Das war ein gutes Schläfchen!»

«Ja, Mama, aber nun ist es Zeit für eine Tasse Kaffee.» Die Kaffeekanne wurde von ihren Badetüchern befreit. Der Kaffee war noch ganz warm. Auch Zuckerstückchen tauchten auf. Dann durften wir uns wieder im Wasser tummeln — aber nicht ohne zuvor die sanitären Einrichtungen besucht zu haben. Niemand würde Papas Dienst als Pastor entehren — weder am Strand noch im Wasser! Papa wanderte wieder am Ufer entlang.

Viel zu schnell wurde es Abend. Rasch wechselten wir das nasse Badezeug mit unseren Kleidern und fanden uns wieder am ausgebreiteten Tischtuch ein. Brote mit Fleischklößchen, warme gezuckerte Waffeln, Kekse und Apfelschnitze leerten die Taschen und füllten den Tisch. Nichts blieb übrig. Das abgewaschene Geschirr wurde verpackt, die Decken, Badeanzüge und Handtücher wurden eingepackt. Mama verstaute ihr Stopfzeug in der Tasche und ein neues Gedicht in ihrem Kopf. Der Verkehr hatte nachgelassen. Die Busse waren leer. Die Wellen klatschten gegen die Felsen und an den Strand. Vom Busfenster aus sahen wir, wie die Sonne langsam hinter den Wolkenkratzern versank und sich von der brodelnden Stadt für die Nacht verabschiedete. Der Bus hielt an.

Papa ging uns voran zu unserer Wohnung in der zweiten Etage. Alle halfen beim Wäscheabnehmen. Anschließend wuschen die Kleinen sich in der Wanne den Sand ab. Ich half Mama, die Wäsche für den kommenden Tag einzufeuchten. Papa spielte Klavier und sang sein Lieblingslied, «Standing on the Promises» (Wir vertrauen deinen Verheißungen). Während Mama das Kaffeewasser aufsetzte, nahm ich ein Bad und schlüpfte dann in unser gemeinsames Bett. Grace schlief an der Wand, Doris in der Mitte und ich, als Älteste, schlief außen an der Bettkante. Der Sand vom Diversey-Strand ließ sich zwar abwaschen, aber die Erinnerungen daran werden ewig bleiben. Das Klavier verstummte, der Kaffee war fertig. Ich schlief ein und dachte daran, wie reich wir doch waren.

Manche Leute machten einmal im Jahr Ferien. Wir hatten im Sommer jede Woche einen ganzen Tag Ferien: an unserem Montags-Picknick-Tag!

Kapitel zwölf

Erwachsen werden

Für die Norweger waren die roten Backsteinmauern der Kirche auf dem Square nicht nur Wände aus Stein. Sie waren Mauern, gebaut aus Liebe in Jahren der Einsamkeit, aus Trost in Stunden der Trauer, aus Hoffnung in Augenblicken der Verzweiflung. Für die Jugendlichen verkörperten diese Wände goldene Zukunftsträume von Rosen und romantischen Mondnächten.

Niemand ging seinen Weg allein. Die Jungen und die Alten träumten gemeinsam ihren unmöglichen Traum. Und erhobenen Hauptes konnte ihr Glaube schier unerträgliche Nöte ertragen. Ihre Antwort auf den Tod war: «Ich bin die Auferstehung und das Leben. Wer an mich glaubt, der wird leben, auch wenn er stirbt» (Johannes 11,25). Ihre Antwort in den dunklen Tagen der Weltwirtschaftskrise lautete: «Mein Gott aber wird all eurem Mangel abhelfen nach seinem Reichtum in Herrlichkeit in Christus Jesus» (Philipper 4,19). Und in Stunden der Einsamkeit hieß sie: «Ich will dich nicht verlassen und nicht von dir weichen» (Hebräer 13,5). Bei Eingewöhnungsschwierigkeiten in dem neuen Land war die Devise: «Jesus Christus gestern und heute und derselbe auch in Ewigkeit» (Hebräer 13,8) und aus Psalm 119,89: «Herr, dein Wort bleibt ewiglich, so weit der Himmel reicht.» Bei Ängsten galt Jesaja 41,10: «Fürchte dich nicht, ich bin mit dir; weiche nicht, denn ich bin dein Gott. Ich stärke dich, ich helfe dir auch, ich halte dich durch die rechte Hand meiner Gerechtigkeit.»

Für aufsässige Jugendliche, die gegen die alten norwegischen Regeln rebellierten, galt die Mahnung des Apostels Paulus an Timotheus: «Bleibe in dem, was du gelernt hast von deiner Jugend auf.»

In unseren eigenen vier Wänden und in der Gemeinde standen die Zehn Gebote im Mittelpunkt. Diese «Du-sollst-nicht»-Sätze schützten besser als eine Mauer aus Stein und waren wertvoller als Gold.

Selbstkontrolle war die Sonne und der Regen, welche die mir ins Herz gelegte Saat von Gehorsam und Vertrauen keimen und wachsen ließ.

In der Oberschule waren Eleanor Holby, Eleanor Knudsen, Coreen Nelson und ich ein unzertrennliches Kleeblatt. Coreens Mutter hatte mir zu meinem ersten Weihnachtsfest in Chicago ein wunderschönes blaues Seidenkleid genäht. Eines Sonntags verfrachtete Mr. Holby Mrs. Wibergs World Vild Girls (veltgevandte junge Damen) in seinen siebensitzigen Studebaker. Dieser denkwürdige Ausflug zur Williams Bay, Wisconsin, wurde von Papas Abschiedsworten begleitet: «Sonntags wird nicht geschwommen!» Mama und ihre fußbetriebene Nähmaschine hatten mir eigens zu diesem Anlaß einen «anständigen» Badeanzug kreiert. Ich bekomme heute noch eine Gänsehaut, wenn ich daran denke, *wie* anständig er war.

Und dann machte die Gemeindejugend einmal einen Ausflug zu den Sanddünen des Michigansees in der Nähe von Gary, Indiana. Alle fuhren schon morgens in aller Frühe los, nur Rainey Gottas, ein Predigerssohn, und ich konnten den anderen erst nach dem Gottesdienst folgen. Rainey holte mich mit dem Auto ab. Mama meinte, ich solle mich auf die Rückbank setzen. Papa hingegen sagte, ich solle mich nach vorne setzen, aber bitte mit einem gebührenden Abstand zu Rainey. Schließlich legte Mama eine Wassermelone zwischen uns. Und das alles vor den Augen von Papas versammelter Gemeinde! Alle winkten, als Raineys Auto davonknatterte.

Kurz vor den Sanddünen gab der Wagen seinen Geist auf. Nur die Hupe hupte unentwegt und ließ sich nicht mehr abstellen. Wir konnten die Jugendlichen und — was noch schlimmer war — ihr Picknick nicht finden! Wir liefen meilenweit auf der Suche nach unserer Gruppe und ließen uns schließlich zu einer warmen Wassermelonenmahlzeit in den Sand fallen. Vielleicht hatte Mama recht. Sie war grundsätzlich gegen Picknicks am Sonntag. Rainey suchte in seinen Hosentaschen und brachte genug Fahrgeld für unsere Rückreise mit dem Mitternachtszug zusammen. Inzwischen saßen die Jugendlichen bereits im Abendgottesdienst und hielten nach den vermißten Herumtreibern Ausschau. Papa und die Diakone wollten gerade eine Suchaktion starten, als wir endlich — erhitzt, müde und mit verkorkstem Magen voll schwabbeliger Wassermelone — zu Hause eintrafen.

Etwa um dieselbe Zeit wurde Jeanelle, unsere Jüngste, geboren. Ich konnte Mama ganz und gar nicht verstehen, daß sie in ihrem Alter noch ein Baby erwartete! Sie war ja schließlich bereits achtunddreißig! In unserer Kaltwasser-Wohnung im zweiten Stock war es sowieso schon eng genug. Und jetzt noch ein Kind mehr! Für eine Fünfzehnjährige war das alles andere als eine verlockende Vorstellung. Mama hatte die uns befreundete Hebamme gebeten: «Leona, hilf Margaret!» In der Stille der Nacht sprach Leona mit mir über Familie, Geburten und das Leben überhaupt. Sie sprach von dem Verständnis füreinander und dem Verhältnis zueinander. Nach diesem Gespräch weinte ich in Mamas Kissen: «Es tut mir schrecklich leid. Ich will dir helfen, wo immer ich kann.»

Noch nach Jahren erschauerte ich, wenn ich an jene Nacht dachte, in der unsere vier Wochen alte Jeanelle eine schlimme Lungenentzündung hatte und im Sterben lag. Dr. Thornton klopfte Mama auf die Schulter: «Mama, du hast fünf Kinder. Sei bereit, dieses Kind Gott zurückzugeben, denn es wird die Nacht nicht überleben.» Ich sehe noch vor mir, wie das winzige, blaue Geschöpf nach Luft rang.

Im selben Augenblick betrat Leona das Zimmer. «Wir haben für dieses Kind schon zu viel durchgemacht — es wird nicht sterben!» Sie rieb Jeanelle mit warmem Olivenöl ein und saugte ihr den Schleim aus dem Hals. Ich flehte zu Gott, mir zu vergeben, weil ich mein Schwesterchen zuerst nicht gewollt hatte. Jetzt wollte ich es mehr als alles in der Welt! Wir beteten, und Leona rubbelte. Gegen Morgen war Jeanelle rosig und warm. Gott hatte sein Kind gerettet.

Mama fand eine billigere Kaltwasser-Wohnung in einer ersten Etage in der Ridgeway Avenue, damit sie uns durch die Tage der Wirtschaftskrise bringen konnte. Wir waren dankbar für die Annehmlichkeit, in der ersten Etage zu wohnen, aber wie sehr vermißten wir doch die größeren Räume der früheren Wohnung! Nach der Schule und samstags arbeitete ich in einem Warenhaus der National Tea Company.

Die Kaltwasser-Wohnung war, wie der Name sagt, kalt! Ein Ofen stand im Eßzimmer und ein Müllverbrenner in der Küche. Der Wasserboiler in der Küche wurde von einer Gasflamme aufgeheizt.

Auch wenn es schon um fünf Uhr morgens begann, fand ich das Geräusch von Papas Ofenstochern angenehm. Für mich bedeutete es, daß ich noch eine Stunde — unter meine Quiltdecke gekuschelt — neben Doris und Grace schlafen konnte.

In seinem langen Flanellnachthemd stocherte Papa im Ofen herum und sang dabei lauthals: «Standing on the Promises» (Wir vertrauen deinen Verheißungen). Als Versöhnungsgabe schickte Mama Unmengen von Brotlaiben zu den Nachbarn, die Papa daraufhin umgehend seine Morgenkonzerte verziehen. Übrigens waren die Nachbarn zu dieser Zeit ja selber bereits auf den Beinen, um ihre eigenen Öfen anzuheizen.

Bevor ich noch das Knistern der Holzscheite im Ofen vernahm, war ich schon wieder eingeschlafen. Um sechs Uhr weckte mich Papa, und ich zog mich schnell im kalten Zimmer an. Papa las in seiner Bibel und schaukelte dabei leicht in dem großen Schaukelstuhl am Ofen. Auf dem Tisch stand eine Tasse mit heißer Schokolade, neben der einige Scheiben warmen, mit Butter bestrichenen Toasts lagen. Papa las ruhig weiter. Er ließ sich von niemandem stören.

Um Viertel vor sieben verließ ich das Haus, denn der Unterricht begann um halb acht. Mein Schulweg betrug fast fünf Kilometer. Papas morgendliche Abschiedsworte waren immer die gleichen: «Nun, Margaret, lern' fleißig und knöpf' dir den Mantel gut zu.» Ich antwortete höflich: *«Takk for maten»* (Danke fürs Frühstück), drückte ihm einen Kuß auf die Wange und holte meine Freundin ab, die sich ihre Brote selbst gestrichen und allein gefrühstückt hatte. Neben den Büchern nahmen wir ein Lunchpaket mit. Ich hatte vier Schnitten Roggenbrot mit Käse dabei. Dazu tranken wir Wasser aus der Leitung. Freitags jedoch bekam ich immer fünf Cents für den Getränkeautomaten. Das Leben war einfach wunderbar!

Viele Jahre vergingen, bevor ich verstand, daß Papa seine Liebe uns gegenüber auf seine Weise zum Ausdruck brachte — mit einer warmen Küche, mit Toast und Kakao, mit einer zusätzlichen Stunde Schlaf für Mama, bevor die jüngeren Kinder aufstehen mußten. Ich wünschte mir, ich hätte damals mehr als nur *«Takk for maten»* gesagt. Eines Tages werde ich es bestimmt nachholen!

Samstags lieferte ich Mama meinen Wochenlohn ab: Lebensmittel im Wert von vier Dollar. Ein Kilo Hackfleisch für fünfundzwanzig Cents. Dazu kamen kostenlose Suppenknochen und Gemüse zum halben Preis kurz vor Ladenschluß. Nach Mamas operativem Eingriff ergaben die Äpfel — ohne ihre braunen Stellen — leckeres Apfelmus. Ich brachte altbackene Brötchen vom Bäcker, Kartoffeln, Möhren, Kaffee, Weizenmehl und Jello-O nach Hause.

Mama war bekannt für ihre einmaligen Fleischklößchen. Niemand konnte sie so schmackhaft zubereiten wie sie, selbst ihre Töchter nicht. Sie lernte das Geheimnis der wundersamen Fleischvermehrung durch Brotkrumen, die sie in zwei Pfund Gehacktes knetete. Zwiebeln und Gewürze kamen hinzu, bis der Teig die richtige Konsistenz hatte. In einer heißen Pfanne briet Mama die Fleischklößchen langsam und gleichmäßig. Dann wurde in einem großen Topf vorsichtig Mehl angebräunt und nach und nach Kartoffelwasser hinzugefügt. So entstand eine dunkle, blubbernde Soße, in die Mama vorsichtig die Fleischklößchen hineinlegte und bei schwacher Hitze köcheln ließ. Dazu richtete sie in einer wunderschönen Schüssel Kartoffelbrei mit gehackter Petersilie an. Pürierte Erbsen und Möhren machten dieses Gericht zu einem lukullischen Mahl.

Wie immer fand das selbstgebackene Roggenbrot seinen Weg direkt aus dem Ofen auf den Tisch. Und zum Dessert gab es Pflaumen mit Schlagsahne oder «Sponge Cake» (Biskuitkuchen). Der goldene Kaffee ergoß sich aus der nie versiegenden Kanne, während in unsere Herzen Liebe strömte.

Die «Sonderrationen», die ich durch meine Arbeit verdient hatte, fehlten Mama, als meine Krankenschwesternausbildung begann. Dadurch mußte sie sich in der Zubereitung ihrer Menüs auf das beschränken, was eben gerade da war.

An einem freien Nachmittag ging ich zu Mama nach Hause. Bei einer Tasse Kaffee erzählte ich alles, was sich in der Woche ereignet hatte; von unserer Schulklasse und der Arbeit auf der Station. Ich beschrieb meine Freundinnen, Betty Schweitzer (auch eine Predigerstochter) und meine wohlhabende Zimmerkameradin Hertha Petersen. Hertha war in einen Hühnerfarmer verliebt und sang «Speak to Me of Love» so lange, bis alle im Schlafsaal ihre Radios voll aufdrehten, um Herthas Gesang zu übertönen. Betty war zweifellos die beste und liebevollste Freundin, die man sich vorstellen kann. Wenn man sie fragte, was sie denn einmal werden wolle, strahlten ihre sanften, braunen Augen, und sie antwortete: «Mutter natürlich!»

Die Küche war warm. Die Kaffeekanne summte fröhlich auf dem Ofen. Jeanelle, unser geliebtes Nesthäkchen, saß auf meinem Schoß. Ich kann mir nicht vorstellen, daß sie jemals einen Klaps bekam. Zu der Zeit, als sie geboren wurde, hatte sich Papa bereits verausgabt, und Lederriemen und roter Pfeffer waren längst in Vergessenheit geraten.

Das ofenwarme Brot wurde mit geschmolzener Butter bestrichen. Mama schob mir die Brotenden zu. Ich war der «Ehrengast». Ich war daheim.

«Erzähl' Margaret doch die Geschichte mit der Mettwurst!» Grace, die jetzt die Älteste zu Hause war, drängte Mama, mir die «Sensation der Woche» zu berichten. Barney schmunzelte, als die Sache zur Sprache kam.

Einige Tage zuvor hatte Mama in ihren Vorratsschrank geschaut. Er war nahezu leer. Unverdrossen schnitt sie Kartoffeln in Würfel und bereitete so ihre berühmten Rahmkartoffeln vor. Sie rührte eine dicke Soße an und fügte Gewürze, Zwiebeln und Petersilie hinzu. Dann ließ sie die gekochten Kartoffeln hineinplumpsen. «Lieber Vater im Himmel, wie schön wäre es doch, wenn ich ein Stückchen Wurst hätte, um etwas Geschmack an diese Kartoffeln zaubern zu können.»

Zur selben Zeit spürte Barney, der trübsinnig durch die Straßen schlenderte und über seine Arbeitslosigkeit nachgrübelte, plötzlich eine Münze, die sich im Futter seiner Hosentasche versteckt hielt. «Das reicht gerade für ein Stückchen Mettwurst», überlegte er.

Gesagt, getan! Er erstand für die Münze ein Stück Wurst und eilte in Mamas Küche.

Was für eine Geschichte! Sie war so typisch für Gottes

90

Antwort auf Mamas Gebete. Ich mußte von zu Hause fort in die Schwesternschule und hatte Mama verlassen, aber Gott verließ Mama nicht. Er war genauso bei ihr, wie er es bei mir am anderen Ende der Stadt war.

Spätestens um 22 Uhr mußte ich wieder im Schlafsaal sein. Die Lichter wurden um 22.30 Uhr gelöscht. Nachdem die Schritte von Miss Abrahamson, unserer Aufsicht für die Nacht, auf dem Flur verhallt waren, stellte Hertha ihr Radio an und stimmte in Wayne Kings «The Waltz You Saved for Me» (Der Walzer, den du mir versprachst) ein. Mama wäre damit bestimmt nicht einverstanden gewesen, aber das war Herthas Sache und nicht meine. Hertha träumte von ihrem Hühnerfarmer, und ich fuhr Traktor mit Sivert oder galoppierte mit dem Wind über die Wiesen. Aus dem Nebel trat Barney hervor und brachte Mama ein Stückchen Wurst.

Kapitel dreizehn

Abgewählt

Die Stille vor der Morgendämmerung wurde vom Rumpeln des Milchwagens und dem Hufklappern der beiden Pferde unterbrochen. Glasflaschen klirrten. Ich liebte diese vertrauten Töne. Mir war es angenehm zu wissen, daß schon jemand mit uns, den Nachtschwestern, wach war.

Bevor der Kampf mit den Waschschüsseln und Bettpfannen begann, blieb mir noch ein Augenblick zum Atemschöpfen. Ich trat an die Feuerleiter und ließ meinen Blick über die unter mir liegende Stadt schweifen, die sich wie eine schlafende Katze auseinanderrollte. Sie reckte sich, gähnte und begann einen neuen Tag.

Meine Ausbildung als Krankenschwester im norwegisch-amerikanischen Krankenhaus ging dem Ende zu. Mir war eine Stelle als Schwester im Lutherischen Diakonissenkrankenhaus zugesagt worden. Meine Freundin, Gladys Thompson, die ich im Cook County Hospital während meiner sechsmonatigen Spezialausbildung kennenlernte, hatte mir ein Vorstellungsgespräch bei Schwester Regina verschafft. Ich konnte es kaum erwarten, bis ich Mama die dreihundert Dollar zurückzahlen konnte, die sie mir geliehen hatte. Sie hatte eine Versicherungspolice in Geld umgesetzt, damit ich mir die erforderlichen Lehrbücher und meine Schwesterntracht kaufen konnte. Wie schnell waren die Jahre vergangen!

«Bitteschön, liebe Florence Nightingale, einen Penny für Ihre Gedanken.» Hertha, meine Zimmerkameradin, reichte mir lächelnd eine Tasse Kaffee. Schweigend betrachteten wir die Pferde unter uns. Hertha dachte sicher an ihre zahlreichen Liebesaffären. Ich durchlebte in Gedanken meinen ersten Abend im Schwesternheim.

Noch immer konnte ich die Einsamkeit des geräumigen, leeren Zimmers, das mit einem Doppelbett, zwei Kommoden, zwei Schreibtischen und einem Kleiderschrank ausgestattet war, fühlen. Mama und Leona hatten mich bis zum Bus begleitet. Meine ganzen Habseligkeiten trug ich in einem Karton mit mir. Die Jugendgruppe hatte mir zum Abschied eine gebrauchte Armbanduhr geschenkt. Nels Olsen hatte sie in eine riesige Schachtel verpackt! Unter vielen Papierschichten strahlte mich meine zierliche Uhr an. Ich mochte die Jugendlichen von Papas Gemeinde! Leona beschenkte mich mit Unterwäsche, Schreibzeug, Taschentüchern und einem Paar Seidenstrümpfe. Dann hatte ich von Pearl Olsen eine wunderschön bemalte Karte mit dem Gelöbnis von Florence Nightingale bekommen. Ein schüchternes, zurückgebliebenes Mädchen hatte mir ein wunderbares Gedicht von Annie Johnson Flint abgeschrieben: «He Giveth More Grace» (Er gibt Gnade um Gnade).

Von der freundlichen, weißhaarigen Mrs. Knight hatte ich meinen ersten neuen Mantel geschenkt bekommen, und Leona hatte mir meine ersten hochhackigen Schuhe und mein erstes Kleid von der Stange gekauft. Ich wurde reichlich mit Liebesgaben überschüttet.

Ich fuhr fort, meine Schätze auszupacken, und fand ganz unten auf dem Grund, sorgfältig in Pergamentpapier eingewickelt, eine Schachtel mit selbstgemachten Karamelbonbons von Grace. Eine Welle von Heimweh durchflutete mich, denn ich konnte sie alle vor mir sehen: Grace, Gordon, Doris, Joyce und Jeanelle, wie sie die Überraschung vorzubereiten halfen (und auch immer wieder heimlich naschten). Mein Zuhause war da, wo Grace, Doris und ich in einem Bett schliefen, wo jeder nur eine Schublade für seine Kleider hatte. Wo Gordon auf der Couch im Eßzimmer schlief, und sich Joyce und Jeanelle an Mama kuschelten.

Die Hufschläge entfernten sich. Unsere Kaffeetassen waren leer. Seufzend stupfte mich Hertha an. «Komm, mach vorwärts, Florence Nightingale. Die Arbeit ruft.» Auf dem langen Flur stießen wir beinahe mit Dr. Thornton zusammen, der jeden Morgen zwischen vier und sieben seine Runden drehte.

«Hier, das ist für euch!» Unser geliebter Arzt und Freund drückte uns müden Schwestern Orangen in die Hand. Eines Morgens war er sogar einmal mit einem Beutel Grapefruits auf dem Rücken erschienen. Er schlenderte den Gang hinunter und verteilte rosa, blaue und weiße Pillen, die er aus seiner Kitteltasche zog. Er ließ sich in keine Schemen pressen, der überzeugte Individualist, Psychiater, Rechtsbeistand, Weltenbummler, Professor und Freund.

Es gab einmal eine Zeit, als er meinen Bruder Gordon unter seine Fittiche nehmen und aus ihm einen Arzt machen wollte. Papas norwegischer Stolz loderte bedrohlich zu einer unüberwindbaren Flamme auf. (Er wollte seinen einzigen Sohn wahrscheinlich einmal als Pfarrer sehen!) Das einfühlsame Herz Dr. Thorntons verstand nicht nur Papa, sondern erkannte auch die eigentliche Begabung des Sohnes.

Manchmal fand Mama einen Sack Kartoffeln und einen großen Fisch, in Papier gewickelt, vor unserer Haustüre liegen. An einem solchen Abend genossen wir dann Fisch und Petersilienkartoffeln mit geschmolzener Butter. Oder wir hörten noch vor Tagesanbruch Schritte auf der Treppe und fanden später einen Beutel Orangen oder Grapefruits auf der Schwelle. Dann wußten wir, daß Dr. Thornton vorbeigekommen war.

Eines Abends, es war gegen Ende meiner Ausbildung, saßen Hertha und ich in unserem Zimmer, um für die nahende

Biologieprüfung zu lernen. Da wurde ich ans Telefon gerufen.

«Margaret, hier spricht Grace.» Pause. «Papa ist abgewählt worden!»

Nur ein Predigerkind kann wohl die niederschmetternde Wirkung des Wortes «abgewählt» ermessen. Seit jener Zeit habe ich tiefen Respekt vor allen Denominationen, die ihre Pastoren gnädig versetzen und somit die Familien der Prediger vor dem Trauma des Abgewähltwerdens bewahren. Die demokratische Regelung hört sich zwar gut an, aber eine (wenn auch manchmal nur knappe) negative Mehrheit kann bei Gemeindegliedern, dem Pfarrer und seiner Familie tiefe Narben hinterlassen.

Unfähig, diese Demütigung meiner Familie einem anderen anzuvertrauen, ging ich in die Biologie-Prüfung und fiel glatt durch, obwohl ich sehr gut vorbereitet war. Doch mein Lehrer, dem aufgefallen war, daß bei mir irgendwas nicht stimmte, schickte mich nach Hause und veranlaßte eine Nachprüfung.

Auf meinem Weg durch den Humboldt-Park überlegte ich, was mit Papas «Ruf» wohl schiefgelaufen war. Ich hatte das Gefühl, daß uns Unrecht geschah. Seit zehn Jahren gehörten wir nun bereits zu dieser Gemeinde. Wie konnte gerade uns so etwas passieren? Ich beschleunigte meine Schritte. Ich mußte nach Hause. Sie brauchten mich jetzt!

Zu Hause traf ich Mama mit einer frischgestärkten Schürze an. Sie war gerade dabei, den Kaffee aufzusetzen, und sang währenddessen: «The trials of life will seem nothing, when we get to the end of the way» (Die Prüfungen des Lebens scheinen uns nichtig zu sein, wenn wir am Ende des Weges stehn). Ich schloß sie in meine Arme und atmete den Duft von Palmolive-Seife und frischer Stärke ein. Mit meiner Seele atmete ich den Duft des Glaubens ein.

Das Brot war warm, es kam direkt aus dem Backofen.

Barney und Leona waren auch da. Papa hatte sich in seinem Studierzimmer eingeschlossen. Die jüngeren Geschwister waren mit ihren Schulaufgaben beschäftigt. Als Mama wie gewöhnlich rief: «Komm, Papa, der Kaffee ist fertig!», kam er mit einer gespielten Verbeugung hinter seiner Tür hervor. «Margaret beehrt uns also auch mit ihrer Gegenwart», bemerkte er. Papa war offensichtlich erfreut, daß ich gekommen war.

Leona war erbost und sagte aufgebracht: «Die wollten einen *amerikanischen* Pastor, einen, der sich mehr der veränderten Zeit anpaßt.»

Und Barney fügte lächelnd hinzu: «Mrs. Andreason erzählte mir einmal, wie Papa ihr Mamas selbstgekochte Suppe ins Cook County Hospital brachte und zu ihr sagte: ‹Kommen Sie, machen Sie nur den Mund auf›, und ihr dann die warme Suppe fütterte. ‹Bald wird es Ihnen wieder besser gehen. Wir beten für Sie.›

Barney berichtete mir weiter: «Dein Papa sagte kein Wort. Aber du hättest deine Mama hören sollen! Sie wartete bis nach der Wahl, dann erhob sie sich. ‹Ich will euch eine Geschichte erzählen›, sagte sie und erzählte von dem gelben Haus in der Avenue J und dem roten Linoleum. — ‹Danach war ich bereit, nach Chicago zu gehen. Wenn Gott spricht, habe ich zu gehorchen›, meinte sie. ‹Ich weiß, daß Gott uns für diese zehn wunderschönen Jahre hier an diesen Platz gestellt hat, und ich weiß auch, daß Gott keine Fehler macht. Er wird nun einen anderen Platz für seinen Diener haben. Ich liebe diese Gemeinde. Ich liebe jeden einzelnen unter euch und werde Gott auch weiterhin in dieser Gemeinde loben. Gott segne euch.›»

«Und was werdet ihr jetzt tun?» fragte ich.

Mamas Antwort war immer dieselbe: «Gott macht keine Fehler, und ich bin gespannt, was er mit uns vorhat. Aber jetzt trinken wir zuerst einmal eine Tasse Kaffee.»

In den nächsten Wochen suchte Papa Zuflucht in den Bibliotheken. Er war einfach nicht in der Lage, sich der neuen Situation zu stellen. Gott und Mama mußten alleine damit fertigwerden. Und sie schafften es auch diesmal wieder!

Grace bekam eine Stelle bei der ‹John Anderson Publishing Company›, die unter anderem die Skandinavische Zeitung herausgab. Für zwölf Dollar die Woche arbeitete sie als Sekretärin von Lillie Olsen, der auch heute noch ein treues Mitglied von Papas früherer Gemeinde ist. Für Gordon begann der Tag um vier Uhr morgens mit dem Austragen von Zeitungen. Um sich seine Geigenstunden zu verdienen, putzte er bei seinem Geigenlehrer. Als er das erste selbstverdiente Fünfzig-Cent-Stück aus seiner schmutzigen Hand in die Familienkasse gleiten ließ, strahlte er übers ganze Gesicht. Papa, der sich über jede Belanglosigkeit bei seinen Kindern aufregen konnte, sah vor allem die schmutzige Hand. Mama dagegen sah das schenkende Herz. Gott sah die Saat der Rebellion, die ein Vater aussäte, als er die wahren Werte seines Sohnes verkannte. Doris wurde die Verantwortung für den Haushalt übertragen. Joyce paßte auf Jeanelle auf.

Ich wartete auf den Abschluß meiner Ausbildung.

Eine von den Stillen, Einsamen, mit der Mama seit Jahren befreundet war, kam eines Tages schüchtern zu ihr und flüsterte: «Ich habe für dich Arbeit in River Forest gefunden.» So geschah es, daß Mama wieder eine Putzfrau wurde. In jenen Jahren habe ich mich oftmals gefragt, ob wohl das Haus, das Mama putzte, allein deshalb insgeheim gesegnet wurde, weil ein «unerkannter Engel» dessen Fußböden schrubbte?

Sonntag morgens besuchte Papa die verschiedenen großen Kirchengemeinden — ein Gesicht unter vielen. Mama und wir Kinder gingen weiterhin zur Gemeinde auf dem Square.

Aber ohne Papa war es dort nicht mehr wie früher.

Gelegentlich erhielt Papa Einladungen zum Predigen. An einem solchen Sonntag nahm er aus Versehen die falsche Straßenbahn, bemerkte dies aber erst, als es für den Gottesdienst bereits zu spät war. In seiner Verzweiflung fuhr er stundenlang kreuz und quer durch die Stadt und traute sich nicht mehr, nach Hause zu kommen, geschweige denn, den Pastor jener Gemeinde zu verständigen. Ein Anruf dieses Pfarrers bereitete glücklicherweise Mama vor, die Papa dann mit einer Tasse duftenden Kaffees erwartete. Bis zu seiner Rückkehr hatte sie still gebetet.

Während sich Papa in sein Studierzimmer und seine Bibliotheken zurückzog, ging das Leben für Mama und uns Kinder weiter. Ich bereitete mich auf mein Diplom als Krankenschwester vor. Papa übernahm stolz die Einsegnung am Tag meines Abschlusses. Meine Lernschwesterntracht (diese sagenhafte Uniform!) wurde weggepackt, und ich begann meinen Dienst als ausgebildete Krankenschwester im Lutherischen Diakonissenkrankenhaus.

Eines Tages erhielt Papa die Einladung, zehn Versammlungen in Wisconsin zu halten. Mit neuer Glaubenszuversicht packte Mama seine Sachen für eine sehr lohnende Sommerreise. Bei seiner Heimkehr erwartete ihn ein neuer «Ruf»: Die First Norwegian Baptist Church in der Fifty-seventh Street in Brooklyn, New York, fragte Papa an, ob er ihr Pastor werden wolle.

Grace und ich sahen, wie der Zug langsam den Bahnhof von Chicago verließ. Jetzt waren wir plötzlich allein zwischen den auslaufenden Zügen, klingelnden Straßenbahnen und hetzenden Menschen. Unser Zuhause entglitt uns auf den Bahnschienen in Richtung Brooklyn. Die Kaltwasser-Wohnung in der Ridgeway Avenue stand leer.

Kurz darauf bestieg auch Grace einen Zug, um der Familie nach New York zu folgen.

Meine Welt hatte sich grundlegend verändert. Ich lernte damals, mich ganz auf Gott zu verlassen, der meine Heimat wurde. Bei ihm wurde ich nie «abgewählt».

Kapitel vierzehn

Brooklyn

Der Zug ratterte über die Schienen. Wiesen und Felder warfen ihr graues Winterkleid ab und ließen bunte Farben im Wechselspiel von Sonnenschein und Regengüssen hervorsprießen. Es war im April 1938. Der New-York-Expreß ließ Chicago hinter sich und brachte eine heimwehkranke Tochter für einen Besuch zu ihrer Familie nach New York.

Noch einmal durchlebte ich die Zugreise von Kanada nach Chicago und sehnte mich nach der weiten Prärie, nach einer Zeit, die nie mehr wiederkehren würde. Ich drückte mich in die roten Plüschsitze und ließ mit der Bewegung des Zuges Szenen der Vergangenheit wie die Felder und Städte hinter der beschlagenen Fensterscheibe meines Eisenbahnabteils vorüberziehen.

Ich mußte schmunzeln, als ich an den gutaussehenden norwegischen Pastor und an die «Gebetsgemeinschaft» dachte, die er mit einer Bauerstochter in unserem Haus abhielt. Ohne dies zu wissen, hatte ich das Zimmer betreten und war mitten in eine nicht gerade sakrale Umarmung geplatzt. Eine Bemerkung Mama gegenüber löste einen SOS-Ruf nach Norwegen aus; der Geheimcode zwischen Frauen funktionierte. Früher als erwartet, traf die bewundernswerte Gattin des Pastors ein. Die schöne Frau, mit ihrem lockigen Haar und ihren sanften Augen, gewann die Herzen aller — und insbesondere das von Mama. Der Grund, warum die Ehefrau derart überraschend kam, wurde nie erwähnt, außer daß der Bauerstochter dadurch klargemacht wurde, wie sehr die Pfarrersfrau ihren charmanten Ehemann vermißt hatte. Bei einer Tasse Kaffee stimmten Mama und die Kollegenfrau schmunzelnd überein: «Tue du das Deine, und Gott wird für den Rest sorgen.» Der unterwürfige Ehemann und seine sprühende Frau paßten zusammen wie Kaffee und Sahne. Als Papa dieses harmonische Paar in den höchsten Tönen lobte, lächelte Mama über ihrer Kaffeetasse.

«Es gibt Dinge, die man weitererzählen kann, und Dinge, über die man nicht spricht», sagte Mama zu mir, als ich ihr von der abrupten Unterbrechung des leidenschaftlichen Kusses berichtet hatte. Ihr Blick verriet mir, daß mir ein Geheimnis anvertraut worden war, das unter uns bleiben mußte.

Was war wohl aus dem anderen Mädchen geworden, der Karen, die einen großgewachsenen Einwanderer namens Lars geliebt hatte? Aus einer Art Verpflichtung heraus hatte Lars Bertha, eine schüchterne Kinderfreundin aus Norwegen, geheiratet. Ich sehe noch das traurige Gesicht Karens, wie sie im Traugottesdienst saß. Als Lars durch den Mittelgang nach vorne schritt, trafen sich ihre Augen. Was mag Mama wohl damals nach der Hochzeit zu Karen gesagt haben, als sie ihr über das weiche, blonde Haar gestrichen und ihr etwas ins Ohr geflüstert hatte? Vielleicht: «Die Liebe erträgt alles und ist freundlich.» Karen faltete ihre Liebe wie ein Zelt zusammen und ließ sie leise in den Nebel der Erinnerungen gleiten. Sie trauerte still und zog schließlich fort.

Es war noch in Kanada. Da nahm Papa eines Abends einen jungen Ehemann zur Seite und machte ihn auf ein Problem neben seiner hübschen Frau aufmerksam — auf einen gutaussehenden jungen Norweger, der sich offenbar in seine Frau verliebt hatte. Mama nahm die Frau zur Seite. Niemand erfuhr je, was an jenem Nachmittag bei einer Tasse Kaffee besprochen wurde. Die junge Frau wandte ihre Aufmerksamkeit und Treue erneut ihrem rechtmäßigen Liebhaber, dem Ehemann, zu. Jahre später traf Papa sie in einer anderen Stadt wieder. Sie waren glücklich und zufrieden. «Wir machen nie einen Fehler, wenn wir das tun, was in Gottes Augen recht ist. Gott belohnt unseren Gehorsam», bestätigte Mama mir.

Der Schaffner riß mich aus meinen Gedanken. «Ich hoffe, Ihnen gefällt die Fahrt. Der Speisewagen ist geöffnet.»

«Danke, ich genieße die Reise. Eine Tasse Kaffee wäre jetzt genau das Richtige.»

Das weiße Leinentischtuch, das polierte Silber und der Kellner mit seinem gestärkten Hemd erinnerten mich an zu Hause. Was ich damals aß, weiß ich nicht mehr, aber die Menschen auf den Plüschsesseln, die gepflegten Kellner mit ihren weißen Servietten über dem Arm, das Klirren von Geschirr und Silber und der Klang fremdländischer Sprachen ist mir im Gedächtnis haften geblieben — ein Bild aus einer andren Zeit. Hinter den verrußten Scheiben flog die Welt an mir vorbei und mit ihr das mystische Land der Kindheit, das niemals wiederkehren würde. Wie die Landschaft mit den Flüssen, Bäumen, Dörfern, Menschen, Wolken und dem Himmel zu einem einzigen Bild zusammenfließt, so vermischten sich die Szenen von daheim zu einem einzigen Bild — Mama. Ich glaube, das ist auch der Grund, warum Papa sie so nötig brauchte. Sie war sein Zuhause, seine Wurzel, seine Lebensquelle, denn sie lenkte seine Schritte immer wieder zurück zum Glauben an Gott. «Gott hat mir Papa anvertraut», sagte sie bisweilen. «Gott wußte, daß ich ihn lieben und für ihn sorgen, ihm vertrauen und ihn immer verstehen würde. Dafür gab Gott mir sein Versprechen, daß alle meine Kinder den Herrn kennenlernen werden. Gott macht keine Fehler.»

Ich sehe ihn noch vor mir, diesen endlosen Strom der Einsamen, die Papa zu Mama brachte, der Mutter aller. Weil sie sein Hafen war, konnte sie all die menschlichen Wracks aufnehmen, die Papa am Strand fand. Auf alle Fragen gab es nur eine Antwort: «Gott und Mama.» Auf jeden Kummer einen Trost: «Mama wird das schon verstehen.» Gott hatte ihm eine besondere Frau zur Seite gestellt, die er mit vielen teilen mußte.

An einen Mittwochabend-Gottesdienst kann ich mich noch sehr gut erinnern. Der Gastprediger sollte bei uns übernachten. Deswegen zogen Grace, Doris und ich aus unserem Bett, um unser Nachtlager auf dem Fußboden auszubreiten. Inzwischen fragte Mama den freundlichen, weißhaarigen Pastor Anderson, was er denn vor dem Schlafengehen am liebsten noch essen wolle. «Austerneintopf», lautete dessen unbefangene Antwort. Uns verschlug es glatt den Atem! Keiner von uns hatte je eine Auster in unserem Haus gesehen, geschweige denn gegessen.

Wie selbstverständlich begab sich Mama in die Küche und toastete ihr selbstgebackenes Brot, schnitt es in kleine Quadrate, goß heiße Milch darüber und schmeckte es mit Salz, Pfeffer und Butter ab. Dann servierte sie unserem Gast in einer Porzellanschale ihren «Austerneintopf».

«Das ist der beste Austerneintopf, den ich je gegessen habe!» schwärmte der Pastor. «Nun hätte ich noch gern eine Tasse ‹Silver Tea›.» Mama füllte ein Porzellantäßchen mit heißem Wasser, dem sie Zucker und Sahne beifügte: ihr eigenes Gebräu für Kinder und ältere Leute. Pastor Anderson genoß seinen «Silber-Tee», während Papa seinen Kaffee trank. Ich sehe noch Papas bewundernden Blick, als er in Mamas lachende Augen blickte. Er dachte dabei sicher an ihre Devise: «Nicht das Problem zählt, sondern wie du ihm begegnest. Tue du das Deine, und Gott wird für den Rest sorgen — auch wenn es dabei darum geht, einen Austerneintopf zu kochen.»

Ich fragte mich, ob ich wohl das Meine genauso tun könnte, wie sie es tat. Meine Hochzeit mit Harold Jensen (einem Dänen, der wußte, wie man norwegische Weihnacht feiert) stand kurz bevor. Leona und Monroe arbeiteten als Missionarinnen in den Ozark-Bergen in Arkansas mit der American Sunday School Union. Barney hatte Mildred geheiratet, seinen Anker in stürmischen Zeiten. Die lodernden Liebesflammen und Träume waren heruntergebrannt — zumindest vorübergehend —, und Barney hatte in der Ehe Stabilität und echte Partnerschaft gefunden. Ich spielte mit dem Gedanken, nach New York zu ziehen, um in der Nähe meiner Familie zu sein, aber ich war ja eine Bindung eingegangen. Und damit kam die Erkenntnis, daß der Vogel nicht mehr ins Nest zurückkehren konnte. Mamas Kinder mußten eines nach dem anderen flügge werden. Als die sentimentale Älteste trauerte ich der Zeit nach, die nun für immer vorbei war — jenen unbeschwerten Kindheitstagen, als Mama noch alles und jedes für uns in Ordnung bringen konnte.

«New York Hauptbahnhof!» Wie ein schnaubendes Roß stampfte der Zug in den Bahnhof ein. Auf dem Bahnsteig stand Papa, gutaussehend und wie immer ungeduldig, mich nach Hause zu Mama zu bringen. Er freute sich ganz offensichtlich, seine Erstgeborene wieder unter seinem Dach zu haben, und war äußerst gesprächig.

«Du mußt nach New York kommen, Margaret! Hier wird es dir bestimmt gefallen. Es gibt unheimlich viel zu sehen. Morgen werde ich dich mit in die Bibliothek nehmen, und dann zur Carnegie Hall, wo Grace Klavierstunden nimmt. Du mußt alles sehen: die Freiheitsstatue, den Hafen und die Fährschiffe, die großen Kirchen, die Wall Street und die Fifth Avenue, Radio City, Coney Island, Brooklyn und die Kirche in der Fifty-seventh Street. Die Menschen hier wirst du bestimmt ins Herz schließen. Willst du immer noch den Dänen heiraten? O ja, Harold ist in Ordnung — könnte glatt Norweger sein. Komm schnell, dann erwischen wir die U-Bahn noch.» Nicht einmal der schwere Koffer hinderte ihn daran, ein derart flottes Tempo vorzulegen, bis wir endlich keuchend in der U-Bahn Richtung Brooklyn saßen. «Mama ist schon überall beliebt», berichtete er mit einem gewissen Stolz. Und lachend fügte er hinzu: «Stell' dir nur vor, sie trägt jetzt die Perlenkette!»

Die U-Bahn raste durch die Schächte, und ich erinnerte mich an die Geschichte mit der Perlenkette: Wir steckten damals noch mitten in der Wirtschaftsmisere. Der Vorratsschrank war — wie so oft — leer, und wir erwarteten ungeduldig Papas Zahltag. Anstatt Mama das Gehalt auszuzahlen, hatte der Schatzmeister der Gemeinde Papa das Geld direkt gegeben. Was für ein tragischer Fehler! Mama war diejenige, die die Pfennige zusammenhielt und einteilte, damit auch etwas für Straßenbahnfahrten oder eine extra Tasse Kaffee übrigblieb. Papa jedoch war für sein großzügiges «Gebt jederzeit gern!» bekannt. Er hatte keinerlei Vorstellung dessen, was es bedeutete, eine ganze Familie zu ernähren — zu sparen, zu knausern und zu knapsen. Auf dem Heimweg erblickte er dann in der Auslage eines Juweliergeschäfts eine wunderbare Perlenkette. Im selben Moment spürte er das Geld in seiner Tasche. Überglücklich über die Entdeckung seines Reichtums erstand er die Perlen.

Zu Hause angekommen, überreichte er Mama das Präsent mit einer respektvollen Verbeugung: «Mama, ich stellte plötzlich fest, daß ich dir noch nie etwas geschenkt habe. Du hast einen so wunderschönen Hals. Du solltest Perlen tragen.»

Mama war immer auf Überraschungen vorbereitet. Zärtlich bedankte sie sich für das großzügige Geschenk und versprach, die Kette jeden Tag zu tragen. Und das tat sie auch! Später sagte sie einmal zu mir: «Alles und jedes hat seine Zeit. Manchmal brauchen wir Perlen nötiger als Kartoffeln. Damals war es die Zeit für Perlen.» Mama schaffte es irgendwie, uns bis zum nächsten Zahltag durchzubringen.

«An der nächsten Haltestelle müssen wir aussteigen, Margaret.» Wir tauchten aus dem U-Bahn-Schacht auf und kamen an Reihenhäusern vorbei, die wie Puppenstuben dicht an dicht nebeneinander standen. Jedes Fleckchen Erde war säuberlich mit Büschen und Blumen bepflanzt. Auf den Stufen vor den Häusern saßen Mütter und Großmütter, welche den spielenden Kindern zuschauten.

Bald darauf saßen wir in Mamas Küche, tranken Kaffee, lachten und erzählten — alles zur selben Zeit. Vor den blitzsauberen Fenstern hingen gestärkte Spitzenvorhänge, und da stand auch, wie immer an seinem Platz, das Mahagoni-Tischchen mit der Kristallvase. Die Polstermöbel waren mit neuem Stoff bezogen worden, und auf dem Fußboden im Wohnzimmer lag ein neuer Teppich. Das Abendbrot stand auf dem Eßzimmertisch bereit. In Kürze würde der Rest der Familie eintreffen, von der Arbeit und aus der Schule. Grace arbeitete für den YMCA (CVJM) und verdiente fünfunddreißig Dollar die Woche. Doris und Gordon jobbten nach der Schule, um damit zum Unterhalt beizutragen. Trotz seiner fünf Schwestern und einem Pastoren-Vater gehörte Gordon zu den Brooklyn Boys, die auf der Straße Hockey spielten. Joyce war ein süßer, liebenswerter und auch frecher Fratz geworden. Sie belebte ihre Umgebung, indem sie moderne Songs zum besten gab. Papa hörte lediglich ihre engelsgleiche Stimme — auf den Text der Lieder achtete er nicht. Der Zauber ihrer Stimme machte ihn offensichtlich blind für ihren Lippenstift und taub für ihr Liebesgeflüster am Telefon, mit dem sie junge Männer betörte. Einmal gewann sie sogar bei einem Swing-Tanzwettbewerb. «Lilla Solveig» brauchte für Papa nur «Flee as a Bird to your Mountain» zu singen, und schon kam sein ruheloser Geist zur Ruhe.

Jeanelle, unsere Jüngste, war bei allen beliebt. Sie war Mamas Freude und Papas Stolz. Und trotzdem war sie kein verwöhntes Gör. Viel später erzählte sie mir, wie sie eines Tages nach Hause kam und lauthals den Schlager «A Little Bit Independent» (Nur ein wenig unabhängig) trällerte. Sie konnte damals Mama davon überzeugen, sie habe das Lied in der Sonntagsschule gelernt.

Grace war Papas Organistin, Sekretärin und Vertraute. Sie baute Brücken, wenn es Schwierigkeiten in der Familie gab. Grace gab das Tempo in Sachen Mode an und wurde so zum Bindeglied zwischen Mamas klar strukturierter Welt und den kulturellen Vorzügen New Yorks. Musik war der gemeinsame Nenner der Familie — solange sie nicht zu «weltlich» war. Wenn ich mir Grace ansah, so selbstbewußt und gefestigt, wie sie heute auftrat, konnte ich in ihr kaum noch das kleine Biest wiedererkennen, das mich als Kind unzählige Male in Schwierigkeiten gebracht hatte. Es war zum Beispiel ihre Idee gewesen, Seife auf den Küchenboden zu schmieren, um diesen in eine Schlittschuhbahn oder Tanzfläche zu verwandeln. An der Idee war an und für sich nichts auszusetzen, bis ich in Papas Arme tanzte.

Dann wurde mir berichtet, wie Barney bei verschiedenen interfamiliären Stürmen plötzlich wie aus heiterem Himmel bei uns daheim auftauchte. Ein solches Donnerwetter hatte sich beispielsweise zusammengebraut, als Papa entdeckte, daß Doris in einen Italiener verliebt war, der auf dem Obstmarkt in der Nähe arbeitete. Barney konnte Doris davon abbringen, von zu Hause wegzulaufen. Sie hatte sich unter der Veranda versteckt, um dort abzuwarten, bis sich Papas Zorn gelegt hätte. Als sie dann Barney singen und lachen hörte, wußte sie, daß die Luft rein war. Es war beruhigend zu wissen, daß Barney und seine Mildred immer Teil unserer Familie blieben: in Kanada, in Chicago und auch jetzt in Brooklyn.

Ich betrachtete einen nach dem anderen, wie sie sich um den Abendbrottisch versammelten, und gemeinsam sprachen wir das vertraute, norwegische Tischgebet. Eifrig wurden die alten Schüsseln, gefüllt mit Fleischklößchen, Soße und Kartoffelbrei, herumgereicht. Kohlgemüse, Erbsen und Möhren folgten. Eine «Lemon Pie» (Zitronentorte) mit Schlagsahne war die

Krönung der Mahlzeit, die unzähligen Tassen Kaffee vervollständigten unser Festessen. Papa zog sich in sein Studierzimmer zurück, während wir Kinder das Geschirr abwuschen und mit unserem Geschnatter das Geklapper der Töpfe und Tassen übertönten. Als dann selbst der letzte Teller glänzte und das Spülbecken blitzte, kamen wir alle im Wohnzimmer zusammen, um gemeinsam zu musizieren.

Mama war glücklich. Gott hatte es ihr ermöglicht, ganz in der Nähe von Bestemor Bertilda zu wohnen. Man konnte ihre kleine Wohnung zu Fuß erreichen. Bestemor, die Jahre unerträglicher Einsamkeit durchlebt hatte, war nun im Alter von ihren Kindern und Enkelkindern umgeben.

Einige Jahre später — es war an einem Ostersonntag — setzte sich Bestemor in ihren Sessel, faltete die Hände und starb. Sie trug ihr bestes Sonntagskleid und hatte am Abend zuvor ihren beiden Kindern Elvine und Joe vorübergehend «Gute Nacht» gesagt, hatte aber dann mit einem strahlenden «Guten Morgen» ihren Heiland — und Bernice — begrüßt. Nur Jeanelle hörte, wie Mama ihren Kummer über Großmutters Tod ausweinte. Vielleicht erlebte Mama dabei noch einmal die ganze Einsamkeit ihrer Kindheit. Doch das währte nicht lange. Sie wusch ihr Gesicht mit kaltem Wasser ab, kämmte ihr Haar, band sich eine frischgestärkte Schürze um — und setzte die Kaffeekanne auf.

Am Sonntagmorgen gingen wir alle zur Kirche. Papa kündete das Eingangslied an: «Ein feste Burg ist unser Gott.» Alle Köpfe drehten sich, um der Tochter des Pastors freundlich zuzunicken, die aus Chicago zu Besuch gekommen war. Diese Menschen verband so viel Gemeinsames: gegenseitiges Verständnis, Mitgefühl, geschwisterliche Liebe und ein wachsender Glaube an Gott — und an Amerika. Autorität wurde überall respektiert und gewahrt. Bei der Nationalhymne stand jeder auf — selbst wenn er in der Badewanne saß.

Am Ende des Gottesdienstes wurde ich in Papas Gemeinde in der Fifty-seventh Street aufgenommen.

In der folgenden Woche führte mich Mama in die Fifth Avenue von Brooklyn ein. Die kleinen Geschäfte rechts und links präsentierten Spezialitäten aus aller Herren Länder. Ich schob Mamas Einkaufswagen zum Fischmarkt. Hier wurde norwegisch gesprochen. Mama mußte von jedem einzelnen Familienmitglied berichten, und dann erzählte der jeweilige Fischhändler detailliert das Neueste aus seiner Familie. Beim dänischen Bäcker duftete es nach dänischen Spezialitäten. Die Hochzeitstorten im Schaufenster waren die reinsten Kunst-werke. In dem jüdischen Delikatessenladen kauften wir ko-schere, in Dill eingelegte Gurken aus dem Faß. Treffpunkt für jedermann — und besonders für die jungen Leute — war der italienische Obststand.

«Das ist Amerika, Margaret», erklärte mir Mama ver-träumt, als ob ich das nicht selbst gewußt hätte. «Kein Land der Welt ist diesem gleich.» Mama strahlte. Sie liebte ihre internationalen Nachbarn und schaute auf dem Heimweg bei jedem von ihnen schnell mal herein. «Ein kurzes Gespräch, Margaret, fängt so manches Problem auf, bevor es zu groß wird. Und außerdem erfahre ich dabei, wen ich zu einer Tasse Kaffee einladen sollte. Ein kurzes Gespräch mit einem Men-schen und ein kurzes Gespräch mit Gott — das ist wie ein Tropfen Öl im Räderwerk einer guten Nachbarschaft. Mama wußte auf ihre Art, meine Ungeduld bei den Einkäufen, die ich so schnell wie möglich hinter mich bringen wollte, zu beschwichtigen.

Hochzeiten, Geburten, Musikunterricht und Schulzeug-nisse boten den ganzen Weg entlang Gesprächsstoff. Die Immigranten hatten ein reges gegenseitiges Interesse an den Kindern. Schließlich waren sie ja die erste Generation in Amerika.

Beim Kaffeeklatsch hörte ich Geschichten aus Norwegen.

Ich lernte Freundinnen aus Mamas Jugendzeit kennen, die ich noch nie gesehen hatte. Ich hörte alte Geschichten über die ersten Ängste im unbekannten Land, über Träume für ihre Kinder und von den mühsamen Anfängen beim Erlernen der neuen Sprache. Ich spürte den Wert solcher Freundschaften, die in gegenseitiger Achtung und Not tief verwurzelt und durch die Sonne und den Regen von Freude und Leid gereift waren. Der Teppich einer lebenslänglichen Freundschaft bestand aus einer perfekten Verknüpfung von Fäden in kräftigen, bunten Farben und Pastelltönen aus Geduld und Dankbarkeit.

Bevor ich wieder nach Chicago zurückfuhr, machte ich zum letztenmal die Überfahrt mit der Staten-Island-Fähre. Über dem dunklen Wasser erhob sich die Lady mit der Fakkel, die über den Hafen blickt. Ein einsames Nebelhorn weckte in mir den Reiz des Meeres, der tief in mir schlummerte. Ich überquerte in Gedanken den Atlantik und erreichte jene Fjorde und Klippen, die ich noch nie in meinem Leben gesehen hatte. Eines Tages würde ich nach Norwegen fahren. Ich hüllte mich fester in meinen Mantel und stellte mir vor, was die fünfzehnjährige Elvine damals empfunden haben mußte, als der Ozeanriese langsam auf die offenen Arme der Lady zugesteuert war.

Ich war im Begriff, mich in meine eigene neue Welt zu wagen. Meine Reise würde mich nicht über den Ozean führen, sondern zum Traualtar von Papas Kirche, an die Seite Harolds, der dort, vor all den Zeugen in Brooklyn, mein Mann werden sollte.

Ich wollte meine Reise nur zu gerne wagen, genauso wie Mama ihre Reise gewagt hatte: sowohl ihre Reise in ein neues Land als auch ihre Reise an Papas Seite. Ich denke, daß sie mir darin immer ein gutes Vorbild gewesen war.

Und so geschah es, daß Harold und ich am 30. Juni 1938 in Papas Kirche getraut wurden. Gordon und meine geliebten

Schwestern standen neben mir. Wir schauten Papa an und hörten auf seine feierlichen Worte.

Im Anschluß an unsere Hochzeitsreise nach Cooperstown, New York, zu den Niagarafällen und durch Kanada kehrten wir nach Chicago zurück, wo wir unser neues Leben als Ehepaar begannen. Ich arbeitete weiter als Krankenschwester, und Harold machte seinen Abschluß am Northern Baptist Theological Seminary.

Kapitel fünfzehn

Liebe sie ins Leben zurück, Mutter!

«Ich halte mein Versprechen und schaue allen vorübergehenden Mädchen nach ...», schmetterte der fünfjährige Knirps mit verschränkten Armen im blütenweißen Hemd. Selbstsicher stand er in polierten Schuhen auf dem weichen Teppich der Empfangshalle. Das blonde Haar war seitlich gescheitelt, kurz geschnitten und glatt gekämmt. Er sang mit dem Selbstbewußtsein eines Künstlers und genoß den Applaus seines amüsierten Publikums, welches der Einladung zum Tag der Offenen Tür gefolgt war. Es war sein erster Tag im norwegischen Kinderheim in Brooklyn, New York.

Mama, die von der «Ein-Mann-Show» in der Empfangshalle nichts wußte, schenkte ihre ganze Aufmerksamkeit den letzten Vorbereitungen für den Empfang.

Während meines Kurzbesuchs in New York durfte ich Mama begleiten und war völlig überrascht, wie es ihr gelang, zahllose Einzelheiten zu beachten, obwohl sie ständig irgendwelche Kinderfragen beantworten oder wichtige Entscheidungen treffen mußte. So manch ausgetrocknetes Pflänzchen erfrischte und belebte sie. Sie erinnerte mich an den Mann aus Psalm 1, der als «ein Baum, gepflanzt an den Wasserbächen» beschrieben wird.

Mama hatte einen «Ruf» erhalten: «Der Vorstand hat mich zur Leiterin des Kinderheims ernannt. Das ist ein Heim für norwegische Kinder, deren Eltern schwer krank, vermißt oder tot sind. Geschwister bleiben beieinander, und so bin ich auch hier wieder ganz Mutter.»

Die weisen Vorstandsmitglieder hatten das mitfühlende Herz dieser Allroundmutter erkannt und ihre Fähigkeit, andere mit Liebe zu motivieren und zu erziehen. Gott sah sein gehorsames Kind, das gläubig an ihm hing und alles für ihn tat.

So nahm Mama den Ruf an und wurde Leiterin des norwegischen Kinderheims. Papa half als Pastor und Sozialarbeiter. Die Anstellung als Pfarrer an der First Norwegian Baptist Church gab er auf, damit sie gemeinsam im Kinderheim arbeiten konnten, doch ihrer Ortsgemeinde blieben sie auch weiterhin treu verbunden.

Heute war nun also Tag der Offenen Tür. Die Sonne warf ihr warmes Licht über die gepflegten Gartenanlagen. Jedes Zimmer in dem schönen Backsteingebäude war sauber und aufgeräumt. Die Kinder hatten brav Lieder und Gedichte vorgetragen. Bunte Haarschleifen paßten zu Spitzen und Rüschen, und farbige Söckchen ergänzten die glänzenden Schuhe. In ihren dunklen Anzügen und weißen Hemden sahen die Buben wie frischgestärkte Pinguine aus. Jedes einzelne Haar lag an seinem Platz. Nur die spitzbübischen Augen ließen sich nicht bändigen.

Johnny, der kleine Neue, war gerade noch rechtzeitg angekommen, um geschrubbt, gekämmt und in einen frischen Anzug gesteckt zu werden. Man hatte ihm erzählt, daß eine Menge Leute kommen und ihn besuchen würden. Er müsse nun versprechen, still zu stehen und gut aufzupassen. Still stand er zwar, aber er konnte es sich nicht verkneifen, eine Show abzuziehen.

Nach seiner Vorstellung von «Stillstehen und Aufpassen» wurde er in parfümierte Arme geschlossen und mit unzähligen Küssen übersät. Als ihn schließlich einer der großen Jungen hinausbrachte, winkte Johnny glücklich all seinen neuen Freunden zu, die gekommen waren, um ihn zu besuchen.

Gestern noch war er allein gewesen. Seine Mutter mußte ganz unerwartet ins King's County Hospital, und sein Vater war nirgends aufzufinden. Eine entfernte Verwandte brachte ihn ins Heim, wo er ein noch nie erlebtes Familienleben kennenlernte.

Die rüschenbesetzten Mädchen huschten zwischen ihren Gästen hin und her und zeigten begeistert ihre Schätze — Quilts, die sie für ihre Betten genäht hatten, und Stofftiere, die im aufgeräumten Schlafzimmer still Wache hielten. Mama sorgte dafür, daß jedes Kind eine eigene Schachtel für seine persönlichen Schätze bekam. Ich hörte, wie ein Mädchen einer Besucherin wichtig erzählte: «Das ist meine Schatzkiste. Die gehört ganz alleine mir. Niemand darf da hineinschauen. Den Quilt habe ich selbst gemacht. Debbie ist fünf. Sie ist meine kleine Schwester, und ich passe auf sie auf. Ich helfe ihr beim Anziehen und lege ihr die Sachen für den Kindergarten hin. Dann flechte ich ihr Zöpfchen und achte darauf, daß ihre Söckchen und Schleifen zusammenpassen. Ich habe ihr gezeigt, wie man die Schleife am Kleid bindet. Jeder hier hat einen Bruder oder eine Schwester. Genau wie in einer richtigen Familie, weißt du. Einige haben auch Besucher. Aber mich besucht niemand. Willst du vielleicht meine Besucherin sein?»

Die behäbige, grauhaarige Dame drückte dem Mädchen die Hand und versprach ihm mit ihrem weichen norwegischen Akzent, von nun an seine Besucherin zu sein. Dann öffnete sie ihre Handtasche und zog ein parfümiertes Taschentuch hervor. «Karen, lege es in deine Schatzkiste; und beim nächsten Besuch bringe ich dir ein Foto von mir mit. Vielleicht können wir auch ein Foto von dir machen, das ich behalten darf.» Damit begann eine jahrelange Freundschaft.

«Junger Mann, ich erfuhr, daß du bald achtzehn wirst und dann auch das Heim verlassen wirst.»

«Ja, aber ich weiß noch nicht, was ich machen soll», antwortete Tom dem angesehenen weißhaarigen Herrn aus dem Vorstand, den er zu den Schlafräumen der Buben begleitete.

«Ich will dir helfen, einen Ausbildungsplatz oder eine Lehrstelle zu finden. Hier hast du meine Visitenkarte. Du kannst mich jederzeit anrufen. Wir verabreden uns dann, um die ganze Sache zu bereden. Übrigens, was ist los mit dir, junger Mann? Als ich das letzte Mal hier war, machtest du nächtliche Ausflüge und hattest Probleme in der Schule. Ja, wir hätten beinahe einige von euch Jungs ins Erziehungsheim schicken müssen. Woher kommt die positive Änderung?»

«Mutter Tweten hat alles verändert. Jenen Abend, an dem sie zum erstenmal unser Zimmer betrat, werde ich nie vergessen. Wir hatten einige Streiche geplant und warteten ihre allabendliche Runde ab. Statt dessen setzte sie sich auf Bobs Bett, sang norwegische Lieder, las aus der Bibel vor und betete für jeden einzelnen von uns. Als sie aufstand, gab sie jedem einen Gute-Nacht-Kuß und meinte: ‹Ich hab' euch lieb.› Bevor sie dann die Türe hinter sich schloß, drehte sie sich noch einmal um und sagte: ‹Gott segne euch, meine Jungs.› Danach konnten wir unsere Pläne nicht mehr ausführen. Am nächsten Abend saß sie auf Teds Bett, erzählte eine Geschichte, las, sang und betete. Und wieder gab sie uns einen Gute-Nacht-Kuß und sagte: ‹Gott segne euch, meine Jungs.› Eines Abends setzte sie sich versehentlich aufs falsche Bett. Bill sprang auf und beschwerte sich: ‹Du sitzt nun schon zum zweitenmal auf Teds Bett. Heute abend bin *ich* an der Reihe!› Keiner von uns kam ins Erziehungsheim. Der schlimmste Typ, Bill, kam auf einer Billy-Graham-Evangelisation im Madison Square Garden zum Glauben. Am Abend darauf befahl er Bob, auch nach vorn zu gehen. ‹Bekehr' dich, oder du kriegst meine Fäuste zu spüren!› drohte er ihm.»

Unten im Speisesaal herrschte Festtagsstimmung. Die älteren Buben kümmerten sich um die jüngeren, und die Gäste wurden von glücklichen Kindern bedient. Frauenvereine und kirchliche Gruppen waren ebenso vertreten wie Ehrengäste der Regierung, Geschäftsleute und Zeitungsreporter. Die Kinder spürten ihre Bedeutung und benahmen sich großartig. Es war wahrhaftig ein besonderer Tag! Mama hatte sie zu einem Teil der Feierlichkeiten gemacht.

Keiner hätte je geglaubt, daß sich fünfundvierzig Kinder bei solch einem Anlaß anständig benehmen könnten. Aber da kannten sie Mama schlecht! Papa, charmant wie immer, unterhielt die Gäste und trug mit wichtigen Gesten seine alten norwegischen Scherze vor. Die Geschäftsleute, die das Heim gegründet hatten, sahen ihren Traum verwirklicht. Mama sah den roten Faden der Liebe, der ängstliche Kinder und diese Erwachsenen verband — einsame Einwanderer, die daran festgehalten hatten, Schulen, Krankenhäuser und sogar dieses Kinderheim zu bauen. Mama war stolz auf ihre Kinder. Wenn sie vor dem begeisterten Publikum etwas aufführen konnten, erfüllte ein gewisses Wertgefühl ihre verängstigten, leeren Herzen. Sie sonnten sich in der Liebe und Anerkennung «ihrer» Mutter und fühlten sich in den Wänden ihres Heimes geborgen.

Zum Abschluß des Tagesprogramms erzählte Mama die Geschichte von der verwelkten Pflanze:

«Eines Tages stürmte Susie vom Spielplatz herein und hielt einen zerbrochenen Blumentopf mit einer welken Pflanze in ihren kleinen, schmutzigen Händen. Sie bat mich: ‹Bitte, wirf die Pflanze nicht weg!›

‹Aber Susie, die Pflanze ist doch tot›, sagte ich.

‹Dann mußt du sie eben wieder lebendig lieben, Mutter!›

Sie legte das Pflänzchen vertrauensvoll in meine Hand und hüpfte hinaus, im festen Glauben, daß diese wieder frisch und grün werden würde. Ich setzte die Überbleibsel der Pflanze in einen neuen Blumentopf mit frischer Erde. Die Sonne blinzelte durch die Wolken Brooklyns und erwärmte die leblose Pflanze, die auf meinem Fensterbrett stand. Jeden Tag begoß ich meinen kleinen, welken Garten und wartete. Eines Tages erschien ein winziger Sprößling, und nun treibt eine schöne grüne Pflanze auf meiner Fensterbank.

Wenn uns jemand ein verängstigtes, verwelktes, verletztes Kind bringt, höre ich immer meine Susie sagen: ‹Liebe es wieder lebendig, Mutter!› Viele welke menschliche Beziehungen können durch Liebe ins Leben zurückgerufen werden. Für mich stellt es die dankbarste Aufgabe dar, die Beziehung zu einem Kind aufzubauen, das in einem zerbrochenen Zuhause verwelkte. Für ein solches mir anvertrautes Geschöpf ist ‹Liebe es ins Leben zurück!› mein höchstes Gebot. Sie, liebe Norwegerinnen und Norweger, gaben mir einen Blumentopf, dieses schöne Kinderheim, und Gott gießt seine Liebe in unsere Herzen, damit wir die Kinder ins Leben zurücklieben. Ich danke Ihnen.»

Hinter den Gärten und Backsteinmauern ging die Sonne unter. Die Kinder waren ins Bett gebracht worden. Die Schritte der Gäste waren verhallt, die Tür war hinter ihnen ins Schloß gefallen. Mama setzte sich, eine Tasse Kaffee in der Hand, in den alten Schaukelstuhl. Sowohl über Schwache als auch Starke hatte der Glanz der Liebe eine warme Decke gehüllt. Mama öffnete ihre Bibel und las laut: «Wahrlich, ich sage euch: Was ihr getan habt einem von diesen meinen geringsten Brüdern, das habt ihr mir getan.»

Kapitel sechzehn

Jemand, zu dem man nach Hause kommen kann

Mama schloß die Bürotür hinter sich und fiel völlig erschöpft auf ihre Knie. «Ich kann nicht mehr! Ich kann nicht mehr!» Sie weinte in ihre verschränkten Arme. «Ich bin mit meiner Kraft am Ende! Ich schreie zu dir, o Herr, denn du allein bist meine feste Burg. Auch Mose schrie zu dir, als ihm seine Aufgabe zu schwer wurde. Zu ihm sagtest du: ‹Mose, es ist ein Raum bei mir, in der Felskluft, da will ich dich hinstellen und meine Hand über dir halten, bis der Sturm vorüber ist.› Ich weiß, daß du der Schöpfer des Himmels und der Erde bist — ein Gott, der Wunder tut. Heute habe ich ein ganz besonderes Anliegen: Bitte schicke mir doch eine Köchin!»

Krank vor Heimweh nach ihrem geliebten Land war die Köchin völlig unvermittelt nach Norwegen zurückgereist. Neben allen Verwaltungsaufgaben mußte Mama nun auch noch die Lücke in der Küche ausfüllen und täglich für fünfundvierzig Kinder kochen.

Tage, Monate und Jahre eilten vorbei, wie ein Zug, der nicht anhält. Mama versuchte abzuspringen, um ihr Leben wieder auf festen Grund zu stellen, doch der Zug raste immer schneller.

Mama erhob sich wieder und öffnete ihre Bibel. «Aber die auf den Herrn harren, kriegen neue Kraft, daß sie auffahren mit Flügeln wie Adler, daß sie laufen und nicht matt werden, daß sie wandeln und nicht müde werden» (Jesaja 40,31). «Kommt her zu mir alle, die ihr mühselig und beladen seid; ich will euch erquicken. Nehmt auf euch mein Joch und lernt von mir; denn ich bin sanftmütig und von Herzen demütig; so werdet ihr Ruhe finden für eure Seele» (Matthäus 11,28).

Wie an jedem Tag sprach Mama zu den stummen Bildern ihrer eigenen Kinder. Alle, bis auf Jeanelle, waren bereits ausgeflogen. Mama betete für uns ungeachtet aller Distanzen. «Oh, meine Kinder, Gott ist unsere Zuflucht. Er läßt uns nicht im Stich.» Dann blätterte sie wieder in ihrer Bibel und las: «Ich werde dich nicht verlassen, noch versäumen» und «Ich vermag alles durch den, der mich mächtig macht, Christus».

Still und sanft wurde das Wort Gottes zum Lebensquell. Dann schrieb Mama all die Verse nieder, die ihr gerade in den Sinn kamen. «Der Herr ist mein Licht und mein Heil.» — «Gott ist meine Zuversicht und Stärke.» — «Alle eure Sorge werft auf ihn; denn er sorgt für euch.»

Plötzlich wurde die Stille durch heftiges Klopfen an der Tür unterbrochen. «Hier ist jemand, der Sie unbedingt sprechen möchte, Mrs. Tweten.»

Einen Augenblick hielt Mama inne und atmete noch einmal tief die Kraft ein, die Gott in ihr erneuert hatte. Sie ließ sich in den Mantel der Liebe hüllen, welcher ihr den Frieden gab, der allen Verstand übersteigt. Dann schloß sie ihre Bibel und ging zur Tür, um den Besucher zu begrüßen.

Vor ihr stand eine kräftige Norwegerin. In gebrochenem Englisch sagte diese: «Ich spreche zwar nicht gut Englisch, aber ich suche Arbeit. Könnten Sie vielleicht eine Köchin gebrauchen?»

«Bevor sie rufen, will ich antworten», mußte Mama denken.

Wenige Tage später saß eine verzweifelte Mutter mit ihren sechs Kindern in Mamas Sprechzimmer. Sie flehte Mama an, ihre Kinder bei sich im Heim aufzunehmen. Ängstlich klammerten sich die Kinder an den Rock ihrer Mutter. «Ich kann nicht mehr! Ich bin mit meinen Kräften am Ende. Ich halte das keinen Tag länger aus!»

«Kommen Sie, wir trinken zuerst einmal eine Tasse Kaffee,

und dann bereden wir die ganze Sache miteinander», tröstete Mama die Frau. Die Kinder aßen Plätzchen und schauten sich ihre Umgebung aufmerksam an. «Vor kurzem habe ich dasselbe gesagt wie Sie eben», nahm Mama das Gespräch wieder auf, «doch Gott hat mir geantwortet. Lassen Sie mich Ihnen seine Antwort vorlesen. Dann wollen wir zusammen beten und Gott um ein Wunder bitten. Halten Sie bis dahin noch eine Woche durch, und nehmen Sie Ihre Kinder wieder mit nach Hause, denn sie brauchen ihre Mutter! Trauen Sie Gott ein Wunder zu, und warten Sie ab, was geschehen wird.»

«Gut, ich will es noch einige Tage versuchen», antwortete die erschöpfte Mutter und ging mit ihren Kindern nach Hause.

Wochen vergingen, ehe Mama wieder an die verzweifelte Mutter dachte. Sofort machte sie sich auf den Weg zu ihr. Als sie die heruntergekommene, von Ratten heimgesuchte Kellerwohnung erblickte, in welche sie die Frau zurückgeschickt hatte, kamen ihr die Tränen. Kein Wunder, daß die Frau keinen Mut und keine Kraft mehr aufbringen konnte. Doch wo mochte sie wohl sein?

Ein alter Mann, der vor dem gegenüberliegenden Haus auf einer Bank saß, rief Mama zu: «Hallo Sie! Die wohnen nicht mehr hier. Sie wollte ihre Kinder in ein Waisenhaus geben, aber dann kam sie doch mit allen wieder zurück. — Wissen Sie was? Ihr früherer Mann hat einen wirklich guten Job in Chicago gefunden und sie und die Kinder zu sich geholt. Er hat eine schöne, saubere Wohnung — eine richtige Etagenwohnung mit Dampfheizung — für sie besorgt. Das ging alles ganz schnell. Nach einer Woche schon waren sie weg.»

«Haben Sie vielen Dank für die Auskunft, und Gott segne Sie! Ich werde Sie mal besuchen kommen.» Mama fiel der Vers ein: «Gelobt sei Gott, der Vater unseres Herrn Jesus Christus, der Vater der Barmherzigkeit und Gott allen Trostes, der uns tröstet in aller unserer Trübsal, damit wir auch trösten können, die in allerlei Trübsal sind, mit dem Trost, mit dem wir selber getröstet werden von Gott» (2. Korinther 1,3 und 4).

Auf dem Rückweg summte Mama eines ihrer Lieblingslieder: «Gott wird dich tragen, drum sei nicht verzagt.» An der Haustür traf sie auf die Krankenschwester. «Bobby ist krank.»

«O nein! Nicht Bobby!»

Impulsiv pflückte sie eine Blume vom Blumenbeet, um sie Bobby mitzubringen. Er hatte hohes Fieber und atmete schwer. Wenige Minuten später war Dr. Fanta da, der den vierjährigen Bobby ins Lutherische Diakonissenkrankenhaus brachte. Mit seinen Händchen umklammerte dieser die welkende Blume.

Mama fuhr mit ins Spital, aber sie konnte nicht den ganzen Tag bei ihm bleiben. «Ich komme wieder, Bobby. Ich muß zu Hause noch einige Dinge erledigen, aber danach werde ich wieder zu dir kommen. Halt die Blume gut fest. Sie soll dich daran erinnern, daß ich bald wiederkomme.» Mit diesen Worten verließ Mama ihn, um ihren anderen Pflichten nachzugehen. In der Zwischenzeit unterhielten sich die Krankenschwestern vor Bobbys Zimmer. «Wie traurig, daß seine Mutter tot ist», meinte die eine. «Der arme Kerl hat niemand mehr.»

Im Halbschlaf hatte Bobby die Worte vernommen, die durch den Türspalt drangen. «Seine Mutter ist tot. Der arme Kerl hat niemanden.» Dann wurde er bewußtlos, und es dauerte eine ganze Weile, bis er wieder zu sich kam. Plötzlich richtete er sich auf. Das erste, was er erblickte, war Mama mit frischen Blumen in ihrer Hand.

«Du bist nicht tot! Du bist nicht tot!»

«Nein, Bobby. Selbstverständlich bin ich nicht tot. Natürlich bin ich deine Mutter. Du wirst immer mein Bobby sein, egal wie alt du bist.»

Beruhigt fiel er in tiefen Schlaf, eine frische Blume in seiner kleinen Hand, und Mama saß betend und singend neben ihm.

«Jeder braucht jemand, zu dem er gehört», überlegte Mama. «Gott sagt, wir gehören ihm. Er erkaufte uns durch seinen Sohn.»

Eines Tages belauschte Mama zufällig ein Gespräch der «großen Jungs», der Vierzehn- bis Sechzehnjährigen, die gerade Küchendienst hatten. «Mit achtzehn müssen wir das Heim verlassen», meinte einer der Jungen.

Ein anderer sagte: «Ich werde dann zum Militär gehen.»

«Ich gehe aufs College», meinte der dritte.

Der vierte sagte gar nichts.

«Woran denkst du, Tommy?» fragte Mama.

«Mutter, zu wem können wir nach Hause kommen, wenn wir von hier fortgehen?»

«Ihr könnt jederzeit zu mir nach Hause kommen, Jungs!»

«Wirst du für immer hier bleiben?»

«Ihr könnt zu mir kommen, unabhängig davon, wo ich bin.»

Nach getaner Arbeit schloß Tommy Mama impulsiv in die Arme und wiederholte noch einmal: «Wir brauchen jemand, zu dem wir nach Hause kommen können.»

Mama dachte an Psalm 90,1: «Herr, du bist unsere Zuflucht für und für.»

Wir alle haben jemand, zu dem wir nach Hause kommen dürfen.

Kapitel siebzehn

Die St.-Olavs-Medaille

Es war an einem herrlichen Novembertag in Georgia. Wie eine Patchwork-Decke breiteten sich die roten und goldenen Blätter im Garten vor meinem Küchenfenster aus. In der Ferne erhob sich der Kennesaw Mountain majestätisch gegen den blauen Himmel. «Morgen werde ich die Blätter zusammenrechen», dachte ich. «Aber jetzt trinke ich erst mal ein Täßchen Kaffee und schaue die Post durch.» Da — ein Brief von Mama in ihrer eigenwilligen Handschrift (die wir im Laufe der Jahre alle entziffern lernten).

Sonntag, den 16. November 1951

Liebe Margaret, Harold und Kinder!

Vielen Dank für Euren Brief. Ich freue mich, daß es Euch allen gutgeht.
Heute kann ich Euch etwas Außergewöhnliches mitteilen: Gestern abend wurde ich nämlich mit der St.-Olavs-Medaille von dem norwegischen König Haakon ausgezeichnet!
Wir hielten — wie jedes Jahr — unsere Jahresversammlung mit etwa zweihundert Gästen ab. Das Programm war sehr gut. Wie in den vergangenen fünf Jahren, war der norwegische Konsul auch dieses Jahr als Gastredner anwesend. Am Ende seiner Ansprache bat er mich dann nach vorn. Er sprach von der Arbeit, die ich für das Kinderheim geleistet

*hatte und verlieh mir die St.-Olavs-Medaille. (Man hatte
dem König von meiner Arbeit berichtet.) Er steckte mir die
Medaille an und überreichte mir eine Urkunde mit dem
Siegel und der Unterschrift des Königs. Alle erhoben sich.
Mir verschlug es glatt die Sprache! Aber ich mußte ja
schließlich irgend etwas rausbringen. Darum sagte ich: «Ich
wünschte, meine sechs Kinder wären jetzt bei mir. Ich
verdiene diese Auszeichnung nicht, aber ich nehme sie an.
Gott sei Lob und Dank!» Der Pressefotograf machte Bilder,
die in der Nordisk Tidende (Norwegische Rundschau) er-
scheinen werden. Ich werde Euch bei gegebener Zeit einen
Ausschnitt schicken. Zum Glück hatte ich mir anläßlich des
Empfangs ein schönes schwarzes Samtkleid nähen lassen.*

*Letztes Jahr, als ich im Krankenhaus lag, besuchte mich der
erste Vorsitzende des Kinderheims, und wir führten ein
langes Gespräch. Er erkundigte sich nach unserer Familie,
wo wir früher gewohnt hätten, in welchen Gemeinden
Papa gedient habe und wohin es die Kinder jetzt verschla-
gen habe.*

*Ich nehme an, daß dieser Bericht dem König vorliegt, eine
Erinnerung für Kinder und Kindeskinder. Soweit ich weiß,
ist das die zweithöchste Auszeichnung, welche die norwegische Regierung zu vergeben hat. Ich kann es noch immer
nicht so recht glauben. Was Papa wohl sagt, wenn er davon
erfährt? In Norwegen geht es schon durch die Presse. Wenn
ich in Norwegen leben würde, müßte ich mich persönlich
beim König bedanken. Von hier aus werde ich meinen
Dank wohl über den Konsul ausrichten lassen. Doch vor
allem will ich dem Herrn für alles dankbar sein. Ich weiß,
daß ich dadurch eine noch größere Verantwortung habe
und den Herrn um so mehr brauche. Bitte, vergeßt nicht,
für mich zu beten.*

*Heute morgen habe ich mein neues Samtkleid mit der
Medaille zur Kirche angezogen.*

124

Doris und Gordon kommen mit ihren Familien zum
«Thanksgiving».
Ich umarme Euch alle.

Eure Euch liebende Mama

Mein Kaffee war inzwischen kalt geworden. Dafür rannen
mir warme Tränen übers Gesicht — Tränen der Dankbarkeit
für die Ehre, die Mama wirklich verdient hatte, und Tränen,
weil keiner von uns bei ihr sein konnte, um sich mit ihr zu
freuen.

Kein Fotograf, das wußte ich, konnte die Sehnsucht auf
ihrem Gesicht einfangen, als sie sagte: «Ich wünschte, meine
Kinder wären jetzt bei mir.» An diese «Kinder» mußte ich
denken — an Grace, die in New York arbeitete, an Gordon,
der verheiratet war und in New York unterrichtete. Doris
hatte am Wheaton College ihren Abschluß gemacht und war
mit David Hammer verheiratet. Joyce Solveigs Mann war
Harolds Bruder Howard. Jeanelle, unsere Jüngste, studierte
noch am Columbia Bible College.

Ich fühlte mich in das norwegische Tagebuch zurückver-
setzt und empfand die Furcht der fünfzehnjährigen Einwan-
derin auf der Suche nach ihrer Mutter. Ich sah sie vor mir als
treues Dienstmädchen in dem jüdischen Haushalt, welches in
seiner Freizeit ausgewählte Literatur las. Ich war wieder in
der kanadischen Prärie und hörte das Versprechen: «Der
Blaue Vogel wird kommen, wartet es nur ab!» Demut und
Bescheidenheit zeichneten sie immer aus, auch als ihr jene
große Ehre zuteil wurde. «Bewahre dir immer ein dankbares
Herz, Margaret.» Die Erinnerung an die Kaffeekanne auf
dem Kohleofen ließ mich an meinen kalten Kaffee neben mir
denken. Ich erhob mich und schenkte mir frischen Kaffee ein.
Mama würde eines Tages vor den König treten! Davon war
ich überzeugt.

Genauso sicher war ich mir, daß sie — wenn sie einmal vor dem König aller Könige stünde — stolz sagen würde: «Ich freue mich, daß meine Kinder hier sind.»

Drei Jahre später, im Juli 1954, ging Mama an Bord der Stavangerfjord, um ihr geliebtes Norwegen zu besuchen. Papa und sie reisten zusammen. Sie besuchten Papas Heimatstadt und alle Verwandten und Freunde. Papas Verpflichtungen als Gastredner wurden pünktlich wahrgenommen. Mama sah das Land, die Städte und auch das Schloß und den König, bei dem sie sich während einer fünfzehnminütigen Audienz für die Medaille bedankte. War das eine Sensation für sie! Der König vermittelte ihr das Gefühl, in ihrem eigenen Wohnzimmer einem guten Freund gegenüberzusitzen.

Hier erlebten sie beide, sowohl Papa als auch Mama, die norwegischen Gemeinden «live» und freuten sich über Gottes Wirken unter ihrem Volk.

Briefe flogen zwischen ihnen und uns Kindern hin und her. Jedesmal, wenn ich vom Umfang ihrer Aktivitäten las, bewunderte ich Mamas Ausdauer und staunte über Gottes Gnade, der nicht nur große und starke Gefäße erwählt, sondern auch diese kleine, bescheidene, gehorsame, vertrauensvolle Frau gebrauchte.

Im September kehrte Mama zu ihren vierzig bedürftigen Sorgenbündeln zurück. Aber wir, ihre sechs Kinder und zwölf Enkelkinder, hatten sie mindestens genauso vermißt wie die Kinder des Kinderheims.

Sie nahm ihre Mutterpflichten wieder auf, und Gott hörte nicht auf, ihre Treue zu segnen. Anfang 1959 schickte sie mir eine Kopie des Jahresberichtes ihres Kinderheims zu.

Jahresbericht der Norwegian Children's Association vom 20. Januar 1959

«Die auf den Herrn hoffen, werden nicht fallen, sondern ewig bleiben wie der Berg Zion. Wie um Jerusalem Berge

sind, so ist der Herr um sein Volk her von nun an bis in Ewigkeit» (Psalm 125,1 und 2).

Diese Tatsache, daß der Herr um sein Volk ist, wie Berge um Jerusalem sind, hat uns durch das vergangene Jahr getragen und gesegnet. Wir haben es als große Familie erlebt, daß der Herr um uns her war. Er bewahrte uns vor Krankheit und Not. Er führte uns durch unsere Probleme hindurch, versorgte uns mit allem Notwendigen und erfreute uns mit seiner Gegenwart.

Mit sechsunddreißig Kindern hatten wir das vergangene Jahr begonnen. Zehn Kinder wurden neu aufgenommen und elf entlassen, so waren es am Jahresende fünfunddreißig Kinder, zweiundzwanzig Jungen und dreizehn Mädchen. Vor einiger Zeit erzählte ich in der Gruppe der Kleinen die Weihnachtsgeschichte. Ich erzählte ihnen von den Hirten, die draußen auf dem Feld die Schafe und die Lämmer hüteten. Und wie ihnen die Engel die frohe Botschaft von der Geburt des Jesuskindes verkündigten und die Hirten daraufhin sagten: «Kommt, laßt uns nach Bethlehem gehen und das Jesuskind suchen!»

Da sprang ein kleiner Junge von seinem Schemel und fragte ganz aufgebracht: «Und wer kümmerte sich um die Schafe, als die Hirten weggegangen waren?» In meinem ganzen Leben hatte ich mir das noch nie überlegt. Ja, wer kümmerte sich um die Schafe, während die Hirten fort waren? Die Fragen eines Kindes muß man beantworten, und ich glaube, ich sagte etwas wie: «Gott hat solange auf sie aufgepaßt.» Damit war das Kind nun zufrieden, aber ich dachte später noch weiter darüber nach. Wer paßt auf unsere Häuser und Kinder auf, wenn wir unseren Pflichten nachgehen? Jeden Morgen schicken wir dreißig Kinder zur Schule. Sie gehen in fünf verschiedene Schulen, in fünf verschiedene Richtungen. Daher ist es mir nicht möglich, sie zu begleiten oder gar zu beschützen. Wer paßt auf sie auf? Gott!

Ich bete jeden Morgen: «Gott, segne bitte die Kinder, wenn sie zur Schule gehen; beschütze die Kinder, die im Haus bleiben.» Der Herr ist um sein Volk her, und wir beugen uns vor ihm mit Lob und Dank.

Am Silvesterabend veranstalteten wir ein fröhliches Fest. Gegen Mitternacht setzten wir uns um den Tisch und lasen Psalm 92. Danach dankten wir Gott für seine Treue und seine unzähligen Segnungen. «Das ist ein köstlich Ding, dem Herrn danken und lobsingen deinem Namen, du Höchster, des Morgens deine Gnade und des Nachts deine Wahrheit verkündigen.»

So begannen wir das neue Jahr 1959 mit Gebet.

«Alles hat seine Zeit.» Aus einzelnen Tagen und Monaten wurden siebzehn Jahre Liebesdienst im Norwegian Children's Home. Nun war es an der Zeit, diese Tür sanft zu schließen und eine andere zu öffnen. Papa kehrte zu seiner ersten Liebe zurück: auf die Kanzel der Gemeinde in der Fifty-seventh Street. Gemeinsam schritten Mama und Papa durch das alte Kirchenportal, inzwischen zwar ein wenig langsamer, doch im Gleichschritt mit Gottes Plan für die kommenden Jahre.

König Haakon konnte stolz sein auf seine Leute. Später besuchte sein Sohn Olav, der neue norwegische König, das norwegische Kinderheim in Brooklyn und würdigte den Einsatz und die Liebe jener Leute. Sie waren nicht nur nach Amerika gekommen, um sich selbst zu bereichern, sondern um für andere dazusein und ihnen Gutes zu tun.

Kapitel achtzehn

Die Goldene Hochzeit

Man schrieb den 18. Juni 1965. Die First Norwegian Baptist Church in der Fifty-seventh Street in Brooklyn, New York, war hell erleuchtet. Aus allen Richtungen strömten die Menschen zum Festgottesdienst anläßlich der goldenen Hochzeit von Pastor Elius N. Tweten und seiner Gattin. Der polnische Ladenbesitzer, der italienische Obsthändler, der jüdische Kaufmann und viele andere Geschäftsleute aus der «Oslo Boulevard» (der Fifth Avenue in Brooklyn) hatten ihre Läden vorzeitig geschlossen und waren ihren Nachbarn gefolgt: den Fischhändlern, den Besitzern des Delikatessengeschäfts, der Geschenkboutique und der Bäckerei Christiansen. Ein reges Stimmengewirr mit den verschiedensten Akzenten der alten Welt vereinte die Norweger an diesem fröhlichen Anlaß, der ihnen allen galt.

An jenem Abend wollten Mamas Kinder und Enkelkinder ihrer Liebe zu den Eltern beziehungsweise Großeltern Ausdruck verleihen und — wie Papa es nannte — die Welt durch Singen und Musizieren verschönern. Mit Grace und Jeanelle an Orgel und Klavier leitete Gordon die Darbietungen. Selbstverständlich würden Mamas Kinder singen! Grace mit ihrem Organisationstalent koordinierte den Ablauf des Festes.

Es wurde bereits fröhlich musiziert, als Ehrengäste, Mitglieder von Papas Gemeinde und Freunde in den Kirchenbänken Platz nahmen. Dann wurde es still. Beim Hochzeitsmarsch erhoben sich alle. Mama schritt in ihrem goldenen

Kleid an Papas Arm durch den Mittelgang. Hinter ihnen folgten Freunde, die fünfzig Jahre zuvor bereits ihre Gäste gewesen waren: Onkel Joseph Johnson, Nick Olsen, Ida Breding, Olga Bjornsen, Marie Anderson, Fred und Oline Johnson, Aslak und Ingeborg Halvorsen.

Die Lieder der Enkelkinder fanden besonderen Anklang. Viele zogen ihre Taschentücher hervor, als wir Kinder mit unseren Familien «God Leads His Dear Children Along» (Gott führt seine Kinder) mehrstimmig sangen. Bei dem norwegischen Lied «He the Pearly Gates Will Open» (Er wird die Perlentore öffnen) lächelten alle und nickten zustimmend, insbesondere Mama.

Gordon überreichte Mama und Papa feierlich ein großes Familienfoto von uns allen mit unseren Kindern.

Papas weißes Haar funkelte. Er blickte seine alten Freunde an und lachte: «Ja, unsere Mama ist einmalig!» Mamas weiches graues Haar umrahmte ihr glühendes Gesicht. «Trotz allem warst du mir, Papa, immer ein treuer Liebhaber.» Dieser Ausspruch brachte alle in Stimmung, und beschwingt ging es zum anschließenden Empfang.

Zahllose Tassen wurden mit Kaffee gefüllt, während sich die Gäste um den wunderschön gedeckten Tisch mit internationalen Delikatessen drängten. In der Mitte stand eine riesige dänische Schichttorte mit frischen Erdbeeren und Sahne.

Der Senator des Staates New York, kein seltener Gast bei solchen Empfängen, schüttelte jedem der Anwesenden die Hand. Er kam zu mir herüber, eine Kaffeetasse in seiner Hand. Mit einer weitausholenden Geste wies er über die vielen Menschen hinweg und sagte: «Das ist Amerika, wie ich es liebe! Hier wird mein Glaube an die Menschheit erneuert. Margaret, Sie müssen all diese Traditionen und Geschichten niederschreiben! Wir müssen immer wieder an unser Erbe erinnert werden und an das, was Amerika ausmacht!»

Plötzlich war Mama verschwunden. Als sie wieder auftauchte, trug sie ihr Original-Hochzeitskleid. Ein italienischer Fotograf, der in meiner Nähe stand, rief überrascht aus: «Mein Gott, sie ist einfach wunderschön!» und schoß sogleich einige Fotos. Mamas blaue Augen strahlten vor Glück. Ihr silbriges Haar wirkte wie ein Heiligenschein. Gern ließ sie sich in ihrem weißen Spitzenkleid fotografieren. Vor fünfzig Jahren waren keine Fotos gemacht worden. Papa hatte statt dessen Bücher gekauft. Heute erhielt sie nun ihr Hochzeitsbild.

Kapitel neunzehn

Herr, segne dieses Haus

«Alles hat seine Zeit.» Der Kreis hatte sich geschlossen, denn hier in Brooklyn, New York, hatten sich Braut und Bräutigam einst ihr Jawort gegeben und waren ihrem ersten «Ruf» gefolgt. Nun, mit zweiundachtzig Jahren, ging Papa in den verdienten Ruhestand. Er hatte Gottes Wort siebenundsechzig Jahre lang verkündigt.

Jedes von uns Kindern war mit seiner Familie in die Kirche Papas gekommen und saß nun in den vertrauten Bänken. Wir sangen noch einmal die alten norwegischen Lieder und lauschten Papas Auslegung des Predigttextes. Ein Teil der Gemeinde war bereits vor vielen Jahren bei Mamas und Papas Hochzeit dabeigewesen. Sie waren zu einer Familie zusammengewachsen, die miteinander weinte und lachte, die ihre gegenseitigen Schwächen und Stärken kannte, und die gelernt hatte, zu lieben und zu vergeben.

Als die Gemeinde stehend das Lied sang: «God Be With You Till We Meet Again», wußten viele, daß sie sich beim nächsten Mal wohl «zu Jesu Füßen» wiedersehen würden. Papa hob seine Hände und sprach den bekannten Segen: «Dem aber, der euch vor dem Straucheln behüten kann und euch untadelig stellen kann vor das Angesicht seiner Herrlichkeit mit Freuden, dem alleinigen Gott, unserem Heiland, sei durch Jesus Christus, unserem Herrn, Ehre und Majestät und Gewalt und Macht vor aller Zeit, jetzt und in alle Ewigkeit! Amen.»

Wir halfen mit, das Geschirr zu verpacken und Papas Studierzimmer auszuräumen. Papa sah ganz blaß aus. Ihm stand die Qual aufs Gesicht geschrieben: Seine geliebten Bücher sollte er aus den vertrauten Regalen räumen? Gegen Mitternacht waren die Bücherborde leer.

«Komm, Papa. Mama hat Kaffee gekocht.» Wir saßen beisammen und sprachen von dem bevorstehenden Umzug nach Florida, wo Mama und Papa in der Nähe ihrer «Kleinsten», bei Jeanelle, wohnen würden. Schießlich wünschten wir einander eine gute Nacht und gingen zu Bett. Allein Papa, der in aller Ruhe Bibel las, folgte unserem Beispiel nicht. Am Morgen bemerkten wir, daß er über Nacht gealtert war. In seinem Studierzimmer standen alle Bücher wieder aufgereiht in den Regalen.

Als Gordon erkannte, wie schwer es Papa fiel, legte er seinen Arm um ihn und sagte: «Papa, ich kümmere mich um deine Bücher und schicke sie dir nach, wenn du Platz für sie hast.»

«Ja, das ist gut, Gordon.» Papa setzte sich wieder in sein Studierzimmer und hatte schon bald alles um sich herum vergessen. Gott und Mama würden sich ums Packen kümmern. Papa mußte derweilen bei seinen vertrauten Freunden auf den Bücherregalen verweilen.

Plantation, Florida

Meine liebe Margaret!

Vielen Dank für Deinen lieben Brief. Ich wollte Dir lediglich mitteilen, daß wir sehr, sehr glücklich sind in unserem neuen Heim. Während wir herumfuhrwerken und unser neues Zuhause einrichten, kann ich Gott nur danken. Jeanelle und Joel standen uns tatkräftig zur Seite. Heute abend holt uns Jeanelle ab. Dann wollen wir uns Florida-gemäß einkleiden! Papa geht es gut. Er freut sich an seinen Büchern und über den Farbfernseher, den wir von Grace bekamen. Auch für

einen Telefonanschluß hat Grace bereits gesorgt. Sie küm-
mert sich so rührend um uns und tut fast schon zu viel für
uns.
Wir haben eine gemütliche Küche, ein Eßzimmer, ein ge-
räumiges Wohnzimmer, zwei große Schlafzimmer mit ein-
gebautem Wäscheschrank und eine hübsche Terrasse mit
Rasen und Blumen drum herum.

Deine Dich liebende Mutter

In der Zwischenzeit hatten Doris und David Hammer ihren
Traum verwirklicht und sich auf ihrem Grundstück in Stoneville, North Carolina, ein wunderbares Haus gebaut. Über
Berge und Täler fuhr der Wind durch die Pinienwälder. «Fast
wie in Norwegen», meinte Papa versonnen, als er das sah.
Erst später merkten wir, daß Mama in Florida viel glücklicher
gewesen war als Papa. Nur allzugern wäre er nach North
Carolina gezogen, obwohl er sich bemühte, mit dem zufrieden zu sein, was er hatte und wo er wohnte. Damals schrieb er
mir folgenden Brief, den ich ganz besonders hüte, weil Papa
nur äußerst selten einmal schrieb.

Plantation, Florida, den 17. Dezember 1972

Liebe Margaret!

Du wünschst Dir also einen Brief von Deinem Vater, den
Du einrahmen und an die Wand hängen wirst, damit ihn
jeder lesen kann. Habe ich Dich recht verstanden?
Was soll ein Vater sagen, dem solch eine Ehre zuteil wird?
Mutter ist äußerst glücklich. Sie fühlt sich hier wohl und
strahlt übers ganze Gesicht. Ich vermisse Brooklyn sehr.
Was für eine Einöde ohne Busse, Straßenbahnen und U-
Bahnen! Ich fühle mich hier schrecklich eingesperrt.

Der Herr behüte Dich und Deine Familie, wie er es bisher getan hat. Bleibe nur im Schatten des Allmächtigen, beschützt von dem Gott des Himmels und der Erde. Daß es Dir und Euch in allem gutgehen möge, wünscht Dir in Liebe

Dein Vater

Doris und David beschlossen, für Mama und Papa ein kleines Haus direkt gegenüber von ihrem eigenen Haus zu bauen. Stolz und froh bestanden Mama und Papa darauf, einen kleinen finanziellen Beitrag an den Baukosten «ihres Hauses» zu leisten. Mama würde zum guten Ende doch noch einmal ein eigenes Haus besitzen, nach jenem gelben Haus in der Avenue J in Kanada mit seinen vier Zimmern! Papa würde sein eigenes Studierzimmer haben und Platz genug für seine geliebten Bücher. Mit Freude erwarteten sie in Florida die Fertigstellung ihres Hauses.

Im März 1973 trafen sie in Stoneville ein. Papa kam, nicht um in seinem Traumhaus zu wohnen, sondern um etwas unterhalb des Hauses auf dem kleinen Familienfriedhof beerdigt zu werden.

Im Alter von fünfundachtzig Jahren nahm Gott Papa im Frieden zu sich in sein ewiges Reich. Jeanelles Heimatgemeinde in Fort Lauderdale ehrte Papa mit einem Gedächtnisgottesdienst — nicht wie einen Fremden, sondern wie einen treuen Diener Gottes aus ihrer Mitte. Im Anschluß daran wurde er nach North Carolina überführt.

Hier stand nun Mama mit ihren Kindern an dem grauen Sarg, während der Märzwind durch die Bäume fuhr.

Die alten skandinavischen Freunde aus Chicago und Brooklyn fehlten zwar, doch statt dessen wurde Mama von neuen amerikanischen Freunden mit derselben Liebe umgeben.

Mein Mann Harold hielt die Beerdigung. Er verlas Papas

Lieblingspsalmen, den dreiundzwanzigsten und den neunzigsten: «Herr, du bist unsre Zuflucht für und für. Du bist Gott, von Ewigkeit zu Ewigkeit.»

«Er war ein Mann, in dem kein Falsch war. Ein Mann, der an Gott nicht zweifelte, sondern mutig seinen Glauben an Jesus bezeugte und die Bibel als das von Gott inspirierte Wort verteidigte. Von ihm konnte man wahrlich sagen: «Gesegnet sind, die reinen Herzens sind, denn sie werden Gott schauen!»

Harold schloß den Gottesdienst mit Papas vertrauten Segensworten: «Der Gott des Friedens aber, der den großen Hirten der Schafe, unsern Herrn Jesus, von den Toten heraufgeführt hat, durch das Blut des ewigen Bundes, der mache euch tüchtig in allem Guten, zu tun seinen Willen, und schaffe in uns, was ihm gefällt, durch Jesus Christus, welchem sei Ehre von Ewigkeit zu Ewigkeit! Amen.»

Weinen konnten wir nicht, denn irgendwie sahen wir unsern Papa in den himmlischen Bibliotheken, wo er mit seinen geliebten Autoren sprach, mit Charles Haddon Spurgeon und Matthew Henry. Zu ihnen gesellten sich Mose, der Gesetzesgeber, Jesaja, der Prophet, und David, der Dichter. Das lebendige Wort Gottes war nun für Papa real. Er hatte seine Bücher zurückgelassen, um die Autoren — und vor allem den Anfänger und Vollender seines Glaubens — zu treffen.

So geschah es, daß Mama allein in ihr Traumhaus zog. Die neuen Freunde mit den amerikanischen Namen standen im goldenen Licht der Sonne und sangen:

«Herr, segne dieses Haus, gib acht,
beschütze es bei Tag und Nacht.»

Mama überquerte an David Hammers Arm die Straße, um dann die Tür zu ihrem eigenen kleinen Häuschen zu öffnen.

Und wieder kamen sie, die Alten und die Jungen, die Einsamen, die Freunde. Bei einer Tasse Kaffee lauschten sie den Geschichten von Liebe und Vertrauen. Die First Baptist Church in Stoneville, North Carolina, wurde Mamas Heimatgemeinde, Reverend Mr. Ward Burch ihr Freund und Pastor. Für alte Menschen war Mama ein Symbol der Stärke und für die jungen eine Quelle der Weisheit. Bei festlichen Anlässen las sie ihre Geschichten und Erzählungen vor. Am meisten liebte sie Hochzeitsfeiern in der Familie. Dann schritt sie am Arm eines ihrer stattlichen Enkelsöhne durch den Mittelgang der Kirche und ließ sich an ihren Ehrenplatz führen. Sie strahlte übers ganze Gesicht. An jedem Fest führte sie ein neues Kleid mit einer angesteckten Orchidee vor. Sie begrüßte die Gäste beim anschließenden Empfang und flüsterte den Enkelkindern ihre speziellen Segenswünsche ins Ohr. Die hübschen Bräute schmunzelten: «Großmutter, du hast uns glatt die Show gestohlen!» Wie sehr sie jeden von ihnen liebte! Gott segnete sie und alle, die ihr gelbes Traumhaus betraten.

Mamas Glaube wankte nie, aber ihre Schritte wurden mit der Zeit unsicher. Nicht ganz drei Jahre später, im Dezember 1975, holte ich sie zu uns nach Greensboro, North Carolina, knapp sechzig Kilometer von Stoneville entfernt. Grace, die ganz in der Nähe wohnte, fuhr Mama jeweils zu ihrer Gemeinde nach Stoneville, wenn Mama dazu in der Lage war. Und Dr. James Bruce kam oft auf eine Tasse Tee zu uns, um nach Mama zu schauen.

Sie lebte sanft in unserer Mitte, und unser Haus wurde durch sie gesegnet.

Kapitel zwanzig

Die Strickweste

Die Tulpen standen wie Spielzeugsoldaten in Reih und Glied. Die Stiefmütterchen lachten im Sonnenschein. Es war Frühling, und Dr. Bruce erlaubte Mama, an ihrem Geburtstag besuchsweise in ihr eigenes Haus zurückzukehren. Joyce flog von Chicago her, um mit anzupacken. In ihrer umsichtigen Art kümmerte sie sich um viele Kleinigkeiten, die wir übersehen hatten. Sie topfte Mamas Veilchen in bunte Blumentöpfe um. Sie setzte sich an die Nähmaschine und brachte Mamas Kleider für den bevorstehenden Sommer in Ordnung.

Jeanelle, die von Florida mit dem Flugzeug angereist war, half Mama bei ihren Überlegungen, wie sie ihre kleinen Kostbarkeiten verteilen und verschenken sollte. Sie beschlossen, an den verschiedenen Gegenständen kleine mit Namen beschriftete Kleber zu befestigen. So wurde jedes Familienmitglied mit einem kleinen Erinnerungsstück bedacht. Ihre unvergänglichen Schätze hatte Mama im Himmel gesammelt. Das wußten wir alle, aber die sorgfältige Beschriftung einer Vase, eines Krugs oder eines Tellers ließen uns ihre ruhige, ordentliche Lebensweise erkennen.

Auch Mama wußte, daß sie nie wieder in ihr Traumhaus zurückkehren würde, wenn sie es diesmal verließ und die Tür hinter sich schloß. Darum bereitete sie sich auf die Reise in ihre himmlische Heimat vor. Es war ein warmer, sonniger Tag, und Mama war wieder in ihrer eigenen Küche. Bevor sie sich an die Arbeit machte, verkündete sie: «Nun gibt es zuerst mal 'ne Tasse Kaffee.»

Als die Sonne hinter den Bergen versank, versammelten sich Mama und ihre Kinder um den festlich gedeckten Abendbrottisch in Doris' großem Haus. Mama freute sich sehr über die Geburtstagstorte mit den Kerzen, über die Geschenke und Geburtstagsgrüße. Ein Geschenk allerdings ließ Mamas Brille auf die Nase rutschen. Sie starrte auf den in Geschenkpapier eingewickelten Krückstock und sagte gar nichts. Ich beeilte mich zu erklären, daß wir ihn ihr nur deshalb geschenkt hätten, damit sie auf dem Weg zum Briefkasten Duke und Duchess von sich fernhalten könne. Die Hunde hätten über diese lahme Entschuldigung wahrscheinlich die Nase gerümpft, denn sie trotteten immer ganz gelassen neben Mama her. Wenn sie sich dann zum Lesen ihrer Post in den Schaukelstuhl setzte, streckten sie sich neben Mama aus und lauschten mit gespitzten Ohren, denn sie las ihre Briefe immer laut vor. Anschließend faltete sie die Bögen wieder zusammen und schaukelte leicht hin und her. Sie dachte an die Absender und betete für sie.

Auch in diesem Jahr würde sie ihre Geburtstagspost — wie sie es mit jedem Brief tat — noch einmal lesen, um sie dann ordentlich in kleine Päckchen zu bündeln. Jedes Geburtstagsgeschenk war ein Ausdruck der Liebe; vor allem die Gitarre! Die Zeit im Instrumentalkreis kam ihr dadurch wieder in den Sinn und damit verbunden auch manche schmerzliche Erinnerung. Mama griff die vertrauten Akkorde und sang die alten Lieder. Ich mußte an Papa denken, wie er einmal in meiner Küche in Georgia Gitarre gespielt und ein norwegisches Liebeslied gesungen hatte, das er für Mama geschrieben hatte, als er noch in Norwegen war. «Was hat Mama gesagt, als sie es zum erstenmal hörte?» fragte ich. Papa antwortete sanft: «Sie sagte gar nichts, sie weinte nur.»

Schade, daß ich Papas Liebeslied an Mama nicht aufgeschrieben habe!

Nach dem Festmahl und dem Auspacken der Geschenke

begaben wir uns ins kleine Nebenzimmer. Unser Lachen und unsere Freude waren die besten Geschenke. Während wir Erinnerungen austauschten, staunten wir erneut darüber, daß die Sonne und der Regen des Lebens zusammen etwas Gutes hervorbringen. Während all der gemeinsamen Jahre hatten wir gelernt, daß Lachen die Verletzungen des Lebens lindert und es verhindert, daß diese zu harten, schmerzhaften Narben werden.

An diesem Abend vermißten wir Gordon, unseren Bruder. Der Wind fuhr seufzend über sein Grab an Papas Seite. Im Juni 1975 hatte Gott Gordon, Mamas einzigen Sohn, heimgeholt; heim in sein Reich. Er war erst zweiundfünfzig Jahre alt gewesen, unseres Erachtens viel zu jung, um uns zu verlassen. Aber wer kann die Wege Gottes ergründen?

In jungen Jahren hatte Zynismus Gordons Entwicklung gehemmt. Seine Arbeit, sein hoher Intellekt und seine Schachleidenschaft hatten dem Glauben in ihm keinen Raum gelassen. Er hatte Alice, seine geliebte Frau, und seine Kinder Ray, Nancy, Don und Kurt. Und das genügte ihm. Aus einem gewissen Pflichtgefühl heraus besuchte er die Gottesdienste in Papas Gemeinde in Brooklyn. Während des größten Teils seines Lebens konnte Papa die wahren Werte seines Sohnes nicht erkennen.

Durch eine persönliche Erfahrung der Liebe Gottes wandte sich Gordon schließlich von seinem rastlosen Hin und Her ab. Er erkannte, daß eine vage, intellektuelle Theologie nicht ausreicht, sondern daß Jesus und seine Kraft Wirklichkeit sind. Und dann flossen aus seinem Innern Ströme lebendigen Wassers, welche die ausgetrockneten Ufer seiner Umgebung erfrischten. Mit seinem Einfühlungsvermögen erreichte er viele, die in ihrem Leben Schiffbruch erlitten hatten. Er und Alice (eine warmherzige Frau, die immer weiche Pantoffeln für müde Füße bereithielt) hatten stets eine offene Tür für ruhelose, suchende Menschen.

Gordon und Grace teilten ihre Liebe zu Büchern und Musik und ihre Begeisterung für die City New Yorks. Doris ließ Gordons empfängliches und leidenschaftliches Herz an ihren Glaubenserfahrungen teilhaben. Die Beziehung zu seinen fünf Schwestern hatte Gordon nie abgebrochen. Vater, der sich in seine Theologie vergraben hatte, fand nur selten Zeit für seine Kinder. Sein Sohn jedoch war mit derselben Gabe wie Mama gesegnet: Er konnte voller Mitgefühl zuhören, wenn ihm einer sein Herz ausschüttete.

Und dann nahm ihn Gott zu sich. Alice wankte durch den menschenleeren Klinikflur. Gerade als ihre Seele in den Abgrund der Verzweiflung stürzen wollte, brach ein Lied in ihr durch: «Weil er lebt, kann ich dem morgigen Tag ins Auge sehen.»

Beim Gedächtnisgottesdienst für Gordon stimmten Juden, Katholiken und Protestanten ins Lob Gottes ein. Seine Freunde hatten in ihm einen Mann erlebt, der auf Erden mit Gott wandelte. Jetzt waren Papa und sein Sohn im Himmel. Jetzt würden sie sich ganz verstehen. «Gutes und Barmherzigkeit werden mir folgen mein Leben lang, und ich werde bleiben im Hause des Herrn immerdar» (Psalm 23,6).

Erinnerungen können schmerzen und zerstören, sie können aber auch zum Segen werden und Menschen miteinander verbinden. Erinnerungen treiben uns wohl manchmal Tränen in die Augen, sie lassen uns aber anschließend klarer den Plan Gottes über einem ganzen Leben erkennen; einen Plan, der umfassender ist als das, was wir sehen, wenn wir nur einzelne Tage betrachten.

Doris legte ein weiteres Holzscheit ins Feuer, und wieder einmal waren wir «Mama und ihre Kinder». Allerdings boten die getäfelten Wände, Bücherschränke, Schaukelstühle mit Kissen und der weiche rote Teppich einen anderen Hintergrund als der alte Kohleofen und das rote Linoleum früherer Zeiten, als Mama noch jung und kräftig gewesen war.

Joyce erinnerte sich an ihre akrobatischen Übungen auf dem schwarzen Bärenfell, das seit der Zeit in Wisconsin zur Familie gehörte. Während Mama nähte oder bügelte, war die kleine Joyce nach Herzenslust auf dem Boden herumgeturnt. Doch am besten konnte sie sich noch an die Lieder und Geschichten im Schaukelstuhl erinnern — und an die Geborgenheit auf Mamas Schoß, diesem Hafen in den Stürmen der Kindheit. Vielleicht wurde sie aus dieser Erinnerung heraus zu dem, was sie heute ist: eine Frau, die nach den Wurzeln gräbt und Erinnerungen für ihre drei Kinder sammelt. «Gottesfurcht ist die Freude eines Hauses und Ordnung seine Schönheit.» Das hatte Joyce auf Mamas Schoß gelernt.

Doris erinnerte sich an die Schwierigkeiten, die sie im College, zu Hause und in der Gemeinde durchmachen mußte. In jener Zeit wurde ihr Glaube stark und unerschütterlich. Vielleicht hat sie etwas von Bestemor Bertilda, das ihr den Mut zu neuen Abenteuern verleiht. Ihre vier Kinder kehren oft nach Hause zurück und holen sich Wärme aus ihrem Glauben. Sie ist wie die «tüchtige Frau», die in Sprüche 31 beschrieben wird: «Ihres Mannes Herz darf sich auf sie verlassen.»

Jeanelle, das zarte, zerbrechliche Kind, das geliebte «Nesthäkchen», Mamas Freude und Papas Stolz: Sie war stets wohlbehütet, und doch wuchs sie im Glauben und lernte, sich wie die Palme dem Wind zu beugen und in der Sonne geradezustehen. In den Augen ihrer beiden Kinder war sie ein Baum, gepflanzt an Wasserbächen, dessen Blätter nie verwelken.

Es war still im Raum. Das Feuer warf einen warmen Schein auf uns, die wir alle unseren Gedanken nachhingen. Doris brachte Kaffee herein, und Mama erzählte voller Liebe, wie sich Papa an seinen erwachsenen Kindern gefreut hatte und daß die späteren Jahre reicher gewesen seien als die früheren.

Ich mußte daran denken, wie die dreizehnjährige Grace

Papas Predigten und ellenlange Exzerpte aus theologischen Büchern abtippte. Korrigieren gab es nicht, nein, sie mußte bei jedem Fehler die ganze Seite noch einmal schreiben. Papa beabsichtigte wahrscheinlich insgeheim, Grace bei einem Schreibmaschinenwettbewerb gewinnen zu lassen und sie damit in sehr verantwortungsvolle Positionen als Sekretärin zu heben. Durch ihre Arbeit kam sie nach London und war die erste von uns Kindern, die nach Norwegen reiste. Grace wurde zwar nicht die Sekretärin eines Präsidenten, wie Papa bestimmt erwartet hatte, aber sie konnte bei dem großen Weltkongreß für Evangelisation in Lausanne im Auftrag der Billy Graham Evangelistic Association mitarbeiten. Papa hätte dem wahrscheinlich noch viel größere Bedeutung beigemessen.

An jenem Abend lauschte Mama unseren Erzählungen. Wie gern tat sie das! Als Joyce erzählte, wie Papa nach ihrer Hochzeitsnacht frühmorgens in ihrem Hotelzimmer anrief und seinen neuen Schwiegersohn Howard besorgt fragte, wie es denn seiner Solveig ginge, hielten wir uns vor Lachen den Bauch!

Doris berichtete, wie sie bei einem ungeplanten Besuch leise in Papas Gottesdienst geschlichen war. Als Papa sie entdeckte, machte er folgende Ansage: «Nach dem Opfer werden wir noch ein Solo von Mrs. Hammer hören.» Doris protestierte. Schließlich war Joyce die Solistin. «Alle meine Kinder können singen!» meinte Papa unnachgiebig, aber Doris blieb fest. Nein, sie würde nicht singen. «Ja, was willst du dann statt dessen tun?» Doris schüttelte den Kopf: «Nichts!» — «Nach dem Opfer wirst du uns im Gebet leiten.» Papa war einfach nicht zu schlagen.

Bei einem andern Gottesdienst wollte ein alter Diakon der Gemeinde nicht am Abendmahl teilnehmen. «Ich darf das Abendmahl nicht nehmen. Ich lebe in Sünde.» Und dann stotterte er verzweifelt weiter: «Ich lebe mit dieser Frau neben mir zusammen, und ich kann mich nicht erinnern, sie je geheiratet zu haben.»

Papa ging vom Abendmahlstisch zu dem weinenden alten Mann, um ihn zu trösten. «Nimm das Abendmahl, Bruder. Du lebst nicht in Sünde. Ich erinnere mich noch gut an eure Hochzeit. Ich habe euch vor vielen Jahren getraut. Jeder von uns ist manchmal vergeßlich.» Papas Gemeindeglieder lächelten und nickten einander zu. Sie wurden alle gemeinsam älter, sie hatten Verständnis.

Mama, wie immer voller Humor, mußte wieder einmal die Geschichte von dem alten Tantchen erzählen, welches für ihren Neffen Willie schwärmte. Nach dem Gottesdienst ging sie von einem zum andern und berichtete stolz: «Willie ist jetzt beim Militär, und er sieht sooo elegant aus in seiner Uniform. Er wurde befördert. Ich weiß nicht mehr, wie sich das nennt, aber am Ende hat es ein ‹ral› wie bei Gene-ral.»

Eines Sonntagmorgens hatte sich Tantchen verspätet und kam gerade in dem Augenblick, als Papa das erste Lied ansagte. Die Gemeinde hatte sich bereits zum Singen erhoben, als Tantchen die Kirche betrat. Erhobenen Hauptes und mit glänzenden Augen schritt sie nach vorn und stellte sich vor die Gemeinde: «Setzt euch bitte, liebe Leute. Nehmt wieder Platz! Ich war früher auch nichts Besseres als ihr. Jetzt weiß ich, zu was Willie befördert worden ist.» Mit einem stolzen Seufzer verkündete sie: «Mein Willie ist ein Korporal.»

Papa gratulierte ihr und stimmte das Eingangslied nochmals an.

Die Jahre waren so schnell vergangen. Und nun faßte die Freude des Lachens und die Erleichterung durch Tränen all die Jahre zu einem guten Ganzen zusammen.

Grace beschloß den Abend, indem sie die Geschichte von der Strickweste zum besten gab: «Ich erinnere mich noch gut an folgende Geschichte, als Mama in ihrer Kinderheim-Zeit

einmal schwer krank war und auf den Krankenwagen wartete, der sie in die Klinik bringen sollte. Vier oder fünf der
Pflegekinder traten in ihr Zimmer, um sie zu besuchen. Doch
Mama mußte sie ermahnen: ‹Bitte, berührt mich nicht, denn
ich bin sehr krank. Paßt bitte auf, daß ihr nicht an mein Bett
stoßt. Das tut mir weh.› Darum setzten sich die Kleinen auf
das Doppelstockbett an der gegenüberliegenden Wand und
beobachteten sie, ohne auch nur ein Wort zu sagen. Auf
diesem Bett lag eine Strickjacke von Mama. Ein Kind nahm
sie und preßte sie an sich. Der kleine Kerl daneben wollte nun
auch ein Stück der Strickjacke festhalten, und schnell wurde
die Jacke über alle Beinchen der Kinder gedehnt, und jedes
hielt eine Handvoll Strickjacke fest. So oder so wollten sie
etwas von Mama in der Hand haben.»

Ich mußte an uns denken, an Mamas Kinder. In gewisser
Weise waren wir wie diese Kleinen. Jede von uns hielt einen
Teil von Mama fest. Damit erwiderten wir unsere Liebe zu ihr
und gaben sie einander weiter.

Mama lauschte und lächelte. Sie hatte Gott ein Versprechen
gegeben, und Gott hatte ihr versprochen, daß jedes ihrer
Kinder ihn kennenlernen würde. Ihre Kinder waren geborgen
unter dem Schatten des Allmächtigen.

Nun war es Zeit zum Schlafengehen. Bevor Joyce Mama
über die Straße geleitete, wo sie in ihrem eigenen Bett schlafen
wollte, umarmten wir sie und sangen das Lied, das Gordon
und Alice komponiert hatten, den beliebten Segen:

Der Herr segne und behüte euch.
Wir segnen euch im Namen des Herrn.

P. S. In einer Schachtel in meiner Hand halte ich zwei Schätze:
Papas Predigten und Mamas graue Strickweste.
In meinem Herzen werden sie eins:
Papas Theologie und Mamas Leben —
Gottes Gnade und seine Liebe.

Kapitel einundzwanzig

Das Kleid

Mama schaukelte leicht in ihrem Schaukelstuhl, die bunte Wolldecke über den knochigen Knien. Sie blickte auf den ruhigen See vor unserem Haus und sang leise. Ihr Blick schien in die Ferne zu schweifen, mit ihren Gedanken war sie irgendwo in der Vergangenheit. Janice, die auf Besuch bei uns war, hörte, wie sie vor sich hin murmelte: «Liebt und vergebt. Liebt und vergebt.»

«Bestemor, du führst ja schon wieder Selbstgespräche!» Janice lachte und zog sich einen Stuhl heran, um ganz dicht bei Großmutter zu sitzen. Das Haus war ruhig und friedlich; erfüllt mit jenem Frieden, der uns umgibt, wenn Menschen, die wir lieben, nach Hause gekommen sind und nahe bei uns sind.

Janice preßte Mamas schmale Hand mit den durchschimmernden, blauen Adern gegen ihre weiche, junge Wange und fragte: «Was hast du gerade gelesen?»

Mama strich liebevoll über die aufgeschlagene Bibel. «Und wenn ihr steht und betet, so vergebt» (Markus 11,25).

«Aber Bestemor, es gibt Dinge, die man unter gar keinen Umständen vergeben kann.»

Aha, Jan legte es also auf eine Geschichte an.

Bestemor streichelte Jans weiches, blondes Haar und sagte: «Ich werde dir eine Geschichte erzählen, Janice. Wir wollen die junge Frau ‹Mary› und den Mann ‹John› nennen. Es geschah vor vielen, vielen Jahren.» Ich griff nach meiner Kaffeetasse und hörte von der Küche aus zu. Seit wenigen

Tagen kannte ich die Geschichte, aber ich hatte Mama versprochen, sie für mich zu behalten.

Bestemors gütiges Gesicht war von weißem Haar umrahmt. Ihr Blick schweifte erneut in die Ferne. Jan wartete. Dieser Augenblick senkte sich tief in ihr Herz.

«Mary war jung, voller Liebe für ihren Mann John und voll Liebe für Gott und seinen Dienst. John, ruhelos und ungeduldig in seiner neuen Pfarrstelle auf dem Lande in Wisconsin, sehnte sich nach den Bibliotheken und Großstadtaktivitäten von New York City oder Chicago, wo er das Seminar besucht hatte. Johns wacher Geist verdorrte ohne Bücher. Mary sah das Schöne in jedem Ding — im Geruch der frischgepflügten Felder, dem Gesang der Vögel, den ersten Frühlingsboten: den Krokussen und Veilchen.

Sie band sich ihre kleine Tochter an die Hüfte, wenn sie mit ihrem Pferdebuggy zur Kirche fuhr. John sammelte mit Kirchenvorsteher Olsen und dessen Gefährt die Gemeindeglieder am Wege ein. Mary sang für den Wind und lauschte den Vögeln. Allerdings hegte sie einen sehnlichen Wunsch: ein neues Kleid für den Frühling. Nicht solch ein braunes oder schwarzes, wie es sich für eine Pfarrersfrau ziemte, sondern ein wogendes Kleid aus weichem Chiffon mit Spitzen an Ausschnitt und Ärmeln — und mit einer großen Schärpe. Doch sie hatte kein Geld! Sorgfältig machte sie einen Plan: Sie wollte Cent um Cent sparen, bis genügend Geld da wäre, um eine neue Petroleumlampe für John und Stoff für ein neues Kleid zu kaufen. Die Spitzen könnte sie von einem alten Samtkleid in der Truhe abtrennen. Für ihre kleine Louise wollte sie später einmal ein blaues Samtkleid daraus nähen.

Dann kam der Tag, an dem die Nähmaschine wie Musik in den Ohren surrte. Mary sang und nähte. Louischen, der kleine Blondschopf, spielte eifrig mit leeren Garnrollen und Sicherheitsnadeln. Das Haus blitzte vor Sauberkeit. Die neue Lampe hatte einen Ehrenplatz auf Johns Sekretär. Duftende

Veilchen standen in einer Vase auf dem weißen Tischtuch; die Tassen standen für den Nachmittagskaffee mit John bereit.

Mary löste ihr hochgestecktes, langes braunes Haar und bürstete es in der Morgensonne. Dann zog sie ihr neues Kleid, mit Veilchen auf weichem rosa Chiffon, an. Sie band die Schärpe auf dem Rücken zu einer großen Schleife und drehte sich zum Entzücken ihrer kleinen Tochter im Kreis. Louischen quietschte vor Wonne. Es war Frühling! Mary war noch so jung, gerade dreiundzwanzig, mit einem weiteren Kind unter ihrem Herzen und Louise zum Liebhaben und Schmusen. Die Kirche in dieser Wildnis, die finsteren Einwanderer, die das Land beackerten, und der harte, kalte Winter hatten die junge Frau in ihre eigene Welt des Gesangs und der Poesie gedrängt. Doch mit der Zeit lernte sie die gläubigen Menschen lieben und schätzen und teilte mit ihnen Freud und Leid.

Aber jetzt war Frühling, und sie tanzte freudetrunken in ihrem neuen, wogenden Kleid.

Mit dem Blitz eines Sommergewitters wurde Mary von dem erregten John herumgerissen, dessen über lange Monate angestauter Frust sich im selben Moment an ihr entlud. ‹Geld für solch einen Firlefanz! Keine Bücher, keine Bibliotheken — niemand, mit dem man sich über etwas anderes unterhalten kann als über Kühe und Hühner, Saat und Ernte!› Wie aus einem Vulkan brach die Wut aus John hervor, und er riß ihr das Kleid vom Leib. Genauso plötzlich, wie er gekommen war, war der Sturm auch wieder vorüber. Der Galopp seines Pferdes brach den stillen Terror noch vollends. Der Wind und die vorbeifliegenden Felder mit den glotzenden Kühen und aufgescheuchten Hühnern kühlten Johns restlichen Zorn. Er wäre am liebsten von Wisconsin bis nach New York geritten — zu seinen geliebten Bibliotheken.

In einer Ecke kauernd, umklammerte Mary die kleine Louise und das zerfetzte Kleid. Sie zitterte vor Angst und

Wut. Weinen konnte sie nicht. Sie war wie ausgebrannt. Eine unglaubliche Leere und unbeschreibliches Heimweh nach ihrer Mutter in New York bemächtigten sich ihrer. In dieser verlassenen Gegend gab es auch niemanden, an den sie sich hätte wenden können. Dann fiel ihr Psalm 34,5 ein: ‹Als ich den Herrn suchte, antwortete er mir und errettete mich aus aller meiner Furcht.›»

Bestemor hielt einen Augenblick inne. «Weine dich nicht so schnell bei Menschen aus, Janice, sondern bringe dein Weinen immer zuerst vor Gott.» Dann fuhr sie fort:

«Mary riß sich zusammen und suchte nach einem Weg, allem zu entfliehen. Sie würde sich auf dem Dachboden ein Lager machen und dort mit Louise schlafen. John konnte allein schlafen. Dann legte sie das zerrissene Kleid zu einem kleinen Bündel zusammen und versteckte es in ihrer Truhe. Pastor Hansen wurde zu einem Besuch der umliegenden Gemeinden erwartet, und Mary wollte diese Gelegenheit nutzen. Bis dahin würde sie ruhig abwarten und dann Pastor Hansen das Kleid zeigen und ihn um seine Hilfe bitten, damit sie John verlassen und nach New York zurückkehren könnte. Mit stiller Entschlossenheit zog sie ihr dunkles Kleid wieder an und frisierte sich das lange braune Haar zu einem strengen Knoten, wie es sich für eine Pfarrersfrau ziemte. Dann deckte sie den Abendbrottisch. Als John spät in der Nacht heimkehrte, fand er — wie immer — sein Abendessen im warmen Ofen bereitgestellt. Mary schlief auf dem Dachboden, Louise im Arm.

John aß in aller Ruhe zu Abend und suchte dann Mary. Als er sie auf dem Dachboden entdeckte, befahl er ihr, zurück ins gemeinsame Bett zu kommen und Louise in deren Wiege zu legen. Liebevoll bettete Mary ihr Töchterchen in die Wiege und ging gehorsam zu Bett. Johns Sturm war verflogen, aber er ahnte nicht, welchen Abgrund der Gefühle er bei Mary aufgerissen hatte.

Das Leben nahm seinen gewohnten Gang, allein Marys Lieder waren verstummt und ihre Schritte klangen schwer. Verbittert wartete sie ab und schmiedete ihre eigenen Pläne.

Die Ankunft von Pastor Hansen beflügelte John aufs neue. Er genoß es, mit seinem Kollegen über Bücher, Theologie und ihre Arbeit diskutieren zu können. Mary bediente sie still. Niemand ahnte, was hinter ihrer schönen Stirn vorging, während sie im Gottesdienst mit den anderen sang, aber von den Predigten nur wenig aufnahm.

Der Gottesdienst neigte sich dem Ende zu. Mary hatte bisher noch keine Gelegenheit gefunden, alleine mit Pastor Hansen zu sprechen. Sie mußte einen Anfang finden, vielleicht heute, am Sonntagnachmittag, während John ein Gemeindeglied besuchen und Pastor Hansen seine Predigt für den Abendgottesdienst vorbereiten würde. Von dieser Idee belebt, beschloß sie, der Predigt nun aufmerksam zuzuhören, um vielleicht einige der Gedanken als Einstieg ihres Gesprächs zu benutzen.

‹Der Text für heute morgen steht in Markus 11,25: *Und wenn ihr steht und betet, so vergebet.* Ob wir jemandem vergeben wollen oder nicht, ist uns nicht freigestellt, sondern es ist ein Befehl. Vergebung entspringt nicht unserm Gefühl, sondern ist ein Akt des Glaubens im Gehorsam Gottes Wort gegenüber. Das Gefühl kommt später, das Gefühl des Friedens. Wenn wir Gott unsere Verletzungen und Enttäuschungen hinlegen, gießt er seine Liebe und sein Mitgefühl in unsere Wunden und heilt sie.›

‹Nein!› schrie Mary innerlich auf. ‹Ich kann nicht vergeben! Und vergessen werde ich das nie!›

Die Predigt ging weiter: ‹Mancher denkt jetzt vielleicht: Vergessen kann ich das nie, selbst wenn ich vergeben könnte. Du hast recht, du kannst nicht vergessen, aber die Erinnerung darf dich nicht zerstören. Gottes Liebe und seine Vergebung können und wollen die Erinnerung besänftigen, bis die

Druckstelle völlig verschwunden ist. Wenn du vergibst, mußt du alles Beweismaterial vernichten und einzig daran denken zu lieben. ‹Denn also hat Gott die Welt geliebt, daß er seinen eingeborenen Sohn gab, damit alle, die an ihn glauben, nicht verloren werden, sondern das ewige Leben haben.› Laßt uns nun am Ende des Gottesdienstes aufstehen und das Vaterunser beten: ‹Und vergib uns unsere Schuld, wie auch wir vergeben unsern Schuldigern.›

John und Pastor Hansen fuhren mit dem Gemeindevorsteher Olsen heim. Mary bestieg ihren Pferdebuggy, nachdem sie sich die kleine Louise sorgfältig mit einem Tuch an ihre Hüfte gebunden hatte. Während das Pferd munter die Landstraße entlangtrabte, rollten über Marys Wangen unaufhörlich Tränen.

Sie wußte, was sie zu tun hatte — sie würde Gott gehorchen. Ohne das Pferd auszuspannen, lief sie schnell ins Haus und legte die schlafende Louise in ihre Wiege. Mit zitternden Händen nahm sie das Bündel mit dem zerrissenen Kleid aus der Truhe, doch sie konnte sich nicht von ihm trennen. Das Sonntagsessen stand im warmen Ofen bereit; Mary schürte das Feuer und legte Holz nach. Gedankenverloren setzte sie den Kaffeekessel auf und deckte den Tisch. ‹Das Beweismaterial muß verschwinden!› tönte es noch in ihren Ohren. ‹Ich vergebe dir, John.› Endlich nahm sie das zerknitterte Kleid mit der einen Hand und die Ofenklappe mit der anderen. Tränen fielen ins Feuer — und langsam verbrannte das Kleid.

‹Wahre Vergebung zerstört die Beweismittel›, pochte es so heftig in ihrem Herzen, daß sie Johns Schritte überhörte. ‹Mary, was machst du da?› Schluchzend stotterte sie: ‹Ich zerstöre das Beweismaterial.›

Und zu sich selbst sagte sie: ‹Mein Opfer für Gott.›

Jetzt fiel bei John der Groschen! Bleich und erschüttert murmelte er: ‹Bitte, vergib mir, Mary!›»

Bestemor schaukelte ruhig weiter.

«Bitte, Großmutter, was geschah dann?» bettelte Janice. Bestemor schwieg eine Weile. Ihre Augen folgten den Enten auf dem See, aber ihr Herz war ganz woanders. Leise fuhr sie fort:

«Nun ist John daheim. Achtundfünfzig gemeinsame Jahre, und ich vermisse ihn sehr.»

Mit großen Augen blickte Janice ihre Großmutter an. Ja, sie hatte verstanden! «Du warst das also! Und Großvater!» Jan schlang die Arme um ihre geliebte Bestemor. Der Stuhl schaukelte langsam in dem stillen Raum, und Bestemors liebevolle Hand streichelte über den gesenkten Kopf der Enkelin.

Ich schlich mich leise hinaus und schritt über das auf der Erde liegende Laub zum See, um die Tiere zu füttern. Die Schreie der vier weißen Gänse klangen gebieterisch über den See. Ich atmete tief die kühle Herbstluft ein und spürte, wie die Last alter Verletzungen langsam davongespült wurde. Gottes besänftigende Liebe heilt alte Narben.

P. S. Einige Tage später hatte Mama einen Traum. Drei Engel erschienen ihr und sagten: «Komm mit, wir gehen zu einem Fest.» Und über dem Arm von einem der Engel hing ein wunderschönes Kleid.

Goldene Fäden

Mama legte ihre Stricknadeln zur Seite und schloß den leeren Handarbeitskorb, der einmal voll Wolle gewesen war. Aus Wollresten und übrigen Garnknäueln hatte Mama eine wunderschöne Decke in vielen Farben gestrickt. Sie breitete die Handarbeit auf ihrem Schoß aus und betrachtete sie lächelnd. «Diese Decke bekommt Heather.» Mama wollte damit ihrem ältesten Enkelkind verdeutlichen, daß Gott aus allem etwas Gutes macht. «Wir brauchen Regen genauso wie Sonne: Das Leben setzt sich aus vielen kleinen Stückchen und Teilchen zusammen. Wenn Gottes liebende Hand sie zusammenfügt, dann ist das Leben schön.»

Fast fünfzig Jahre waren vergangen, seitdem ich Mamas Tagebuch entdeckt hatte, und heute erinnerte ich mich wieder an ihr wehmütiges «Eines Tages werde ich euch den Rest der Geschichte erzählen.»

Grace, die tüchtige Sekretärin, hatte die Familienchronik in Form der Briefe niedergeschrieben, die Mama ihr für uns diktierte. Sanft öffnete sich die Tür in die Vergangenheit, und der Bericht für Gordon war der Anfang dazu:

(Grace, diktiert von Mutter)
19. September 1971

Für Gordon Lund Tweten

*Um 1700 verließen einige Lunds England. Im Dienst des
Königs (Dänemark und Norwegen hatten zu jener Zeit
einen gemeinsamen König) wurden sie nach Dänemark
eingeschifft, erlitten aber an der Küste Norwegens Schiffbruch. An dieser Stelle, außerhalb von Lista, siedelten sie
sich an.*
*Die Lunds waren sehr vermögend (es heißt, daß sie ihren
Reichtum in Fässern mit sich trugen). Sie gründeten und
bauten die Stadt Farsund, und damit auch die erste Kirche
dieser Stadt.*
*Das Haus der Familie Lund ist als «Husan» bekannt und
dient heute als Rathaus von Farsund. Meine Familie ver-
machte das Haus mitsamt dem Grundstück der Stadt. Als
ein norwegisches Wahrzeichen wird das Haus auch heute
noch «Husan» genannt.*
*König Oscar II. pflanzte zur Erinnerung an meinen Groß-
vater Eilert und dessen drei Brüder vier Bäume vor das
Haus. Obwohl die Bäume vor kurzem durch junge ersetzt
wurden, hängt an jedem der Bäume eine Erinnerungstafel.
Im Zweiten Weltkrieg steckten die Deutschen unser Husan
versehentlich in Brand. Sie wußten nicht, daß der Kamin
nicht zum Heizen vorgesehen war. Später wurde das Haus
originalgetreu wiederaufgebaut. Die Platte des Kamins
zeigt das Modell des Schiffes, mit dem meine Vorfahren von
England kamen.*
*Nach dem Tod meines Großvaters heiratete meine Groß-
mutter nicht mehr; sie wollte den Namen «Lund» nicht
verlieren, der ihr direkten Zugang zum König verschaffte,
falls sie dessen Hilfe benötigte.*

Mit fünfzehn Jahren reiste ich mit dem von meiner Groß-
mutter geerbten Geld nach Amerika und bezahlte später
auch meine Hochzeit davon. Weil meine Mutter nicht stan-
desgemäß geheiratet hatte, wurde sie enterbt.

Mit diesen Notizen für Gordon hatte Mama allerdings die
Geschichte noch nicht zu Ende erzählt; fünf Jahre später erst
war sie bereit, mir die fehlenden Passagen anzuvertrauen. Sie
saß beim Kamin, blickte über den See und beobachtete das
Treiben der Enten und Gänse. Ich wartete, während ich in
kleinen Schlucken meinen Kaffee trank. Zögernd, nachdenklich begann Mama zu reden:

«Mit sechzehn Jahren widersetzte sich meine Mutter dem
Willen ihrer Eltern, den mächtigen Lunds von Farsund, und
heiratete den flotten, gutaussehenden Seemann Ole Jorgen
Johannessen. Meine Großeltern machten ihre Drohung wahr
und enterbten sie. Joseph und ich wurden in Lista geboren.
Mein Vater war oft wochenlang auf See. In jenen Zeiten war
sein zwei Jahre älterer Bruder der Beschützer unserer jungen
Familie. Meine gestrenge Tante und der Onkel hatten selber
keine Kinder. Sie ärgerten sich über meine noch junge Mutter,
die in ihren Augen unfähig war, für uns Kinder zu sorgen.
Dann holten sie uns zu sich, nahmen meiner Mutter das für
uns vorgesehene Geld ab und suchten nach Wegen, sie in
Verruf zu bringen. Doch anstatt sich mit ihrer eigenen Familie zu versöhnen und diese um Hilfe zu bitten, beschloß meine
Mutter eigensinnig, nach Amerika zu fliehen.

Ich erinnere mich noch gut an den Tag, an dem sie uns von
Onkel und Tante wegholen wollte. Ich verstand damals nicht,
was da vor sich ging; jedenfalls weigerten sich Onkel und
Tante, uns herzugeben. Wir sahen schweigend zu, wie unsere
Mutter die Straße schluchzend hinunterging und uns zurück-
ließ. Ich schrie: ‹Mor, Mor!› und versuchte ihr nachzulaufen,
aber meine Tante zog mich zurück. Sie schimpfte: ‹Nenne sie

nie mehr Mutter, sondern Tilda!› Ich war erst viereinhalb Jahre alt, aber ich kann mich noch entsinnen, wie ich stolz meinen Kopf nach hinten warf und trotzig wiederholte: ‹Min Mor.› Ein Nachbar, der dabeistand, fragte: ‹Woher hat das Kind diese Art?› — ‹Sie ist eben eine Lund!› gab meine Tante verächtlich zur Antwort.

Joseph und ich merkten, daß wir in eine Tragödie verwikkelt wurden. Wir nahmen es unserm Vater übel, daß er lieber verdrehten Darstellungen Glauben schenkte, als zu unserer Mutter zu halten. Auch wuchsen wir in dem Glauben auf, meine Großmutter Lund hätte meine Mutter verstoßen. Jede Verletzung grub sich tief in meinem Herzen ein.

Mit fünfzehn Jahren erhielt ich mein Erbteil von Großmutter Lund, die einige Zeit zuvor gestorben war. Joseph, mein Bruder, war schon nach Amerika ausgewandert. Jetzt war es an mir, meiner Mutter und Joseph, der inzwischen sechzehn war, nachzureisen.»

Wir saßen schweigend am Kamin. Ich dachte an meine Großmutter Bertilda, eine stolze, selbständige Frau. Weil ich an ihrem Geburtstag geboren war, hatte sie mir immer eine besondere Geburtstagskarte zusammen mit einer Ein-Dollar-Note geschickt. An Weihnachten erhielten wir jedes Jahr handgestrickte Wollstrümpfe, ein willkommenes Geschenk für die kalten Winter in Kanada. Zu meinem sechsten Geburtstag bekam ich von Mama einen kleinen Regenschirm, der mein ganzer Stolz war. Erst viel später begriff ich, warum sie mir diesen Schirm geschenkt hatte: Zu Mamas sechstem Geburtstag hatte ihre Mutter ihr einen Schirm aus Amerika geschickt. Darum hatte Mama auch mir einen kleinen Schirm geschenkt, als ich sechs Jahre alt wurde. Schon als Kind soll Mama gesagt haben: «Wenn ich einmal ein Töchterchen habe, werde ich ihm einen Schirm kaufen.» Als unsere Janice sechs Jahre alt wurde, kaufte Mama auch ihr einen kleinen Schirm und erzählte, wie sehr sie als Kind ihren ersten eigenen Schirm geliebt hatte.

Ich dachte über Gottes Güte nach, die es Onkel Joe und Mama ermöglichte, in Brooklyn in der Nähe Bestemors zu wohnen, als diese alt geworden war. Jetzt erst wurde mir klar, daß Mamas Weinen, welches Jeanelle bei Großmutters Beerdigung gehört hatte, nicht das Weinen aus dem augenblicklichen Schmerz heraus war, sondern das Schluchzen eines Kindes über den Verlust seiner Mutter. Aber was war mit Mamas Vater?

Auf meine Frage antwortete Mama langsam: «Jahre später erfuhr er die Wahrheit, nur: Da war es bereits zu spät. Er kam sogar nach Amerika, aber die Kluft des Stolzes war breiter als der Ozean. Nach Norwegen zurückgekehrt, wanderte er — so wurde mir erzählt — stundenlang am Meer entlang und litt schrecklich unter dem Verlust von Frau und Kindern. Eines Nachts ging er in den kalten Sturm hinaus, die Gischt durchnäßte seine Kleider. Er starb an Lungenentzündung, aber seine Freunde sagten, er sei in Wirklichkeit an einem gebrochenen Herzen gestorben.

In Amerika hörte ich auch zum erstenmal von Jesus Christus, dem ich bald darauf mein Leben übergab. Dann schrieb ich die Namen der Leute auf, die mich auf irgendeine Weise verletzt hatten. Ich vergab ihnen und begann für sie zu beten. Mein Vater stand ganz oben auf meiner Liste, dann folgten meine Tante und mein Onkel. Als mein Vater in Amerika war, sagte ich ihm, daß ich ihn lieben würde und ihm vergeben hätte. Ich hatte auch noch Gelegenheit, mit meinem Onkel und meiner Tante zu reden. Auch sie hörten von Gottes Liebe und Vergebung. Der Tag wird kommen, an dem Gott alle Tränen abwischen wird.»

Ich dachte über Gottes Wege und seine Ordnungen für unser Leben nach. Ich dachte über Rebellion und Stolz nach und über die Jahre voller Herzeleid, die nur allzuoft die Folge davon sind. Wenn wir Gottes Liebe und Vergebung frei fließen lassen würden, könnte alles Herzeleid ganz einfach weggespült werden. Einfach, aber nicht leicht.

Mama war den Weg des schlichten Gehorsams Gottes Willen gegenüber gegangen. Durch ihre tägliche Gehübung hatte sie sein Joch sanft und seine Last leicht empfunden. Und sie hatte vorsichtig quietschende Türen zur Vergangenheit geöffnet und diese mit Freude geölt, damit ihre Kinder durch jene Türen gehen konnten, ohne an irgendwelche Verletzungen zu denken, sondern allein an die allumfassende Liebe Gottes.

Die Tage eilten auf Weihnachten zu, und mit ihnen begannen die geschäftigen Vorbereitungen für die Feiertage. Unsere Tochter Janice kam frühzeitig von Massachusetts angeflogen, um mehr Zeit mit Bestemor verbringen zu können. «Es könnte ja ihr letztes Weihnachten sein.» Jan verbrachte viele glückliche Stunden bei ihr, stellte Fragen und notierte sich Großmutters Gedanken. Ralph, unser jüngster Sohn, tippte ihre Geschichten und Lieder auf der Schreibmaschine. Zu jedem Anlaß wußte Mama eine Geschichte zu erzählen. Ich bewahrte sie in meinem Herzen auf.

Eines Morgens unterbrach Mama unsere eifrigen Weihnachtsvorbereitungen und bat uns, Platz zu nehmen. Auf ihrem Schoß lag die Post, die am Morgen gekommen war. In ihren zitternden Händen hielt sie einen Brief aus Norwegen, der zwei kleine Kostbarkeiten aus Seide enthielt, jede etwa in der Größe einer Postkarte.

«Das ist wie ein Geschenk des Himmels, Janice», sagte sie glücklich. «Ich wußte nie genau, ob meine Großmutter Lund meiner Mutter ihre Rebellion vergeben hatte. Und nun brachte mir ein Engel diese wunderbare Botschaft.» Wir saßen ganz still. Tief bewegt las Mama die wunderschön gestickten Worte auf der brüchigen Seide. Sie las sie zuerst auf norwegisch, dann übersetzte sie diese für uns: «Herzlichen Glückwunsch zum Geburtstag, meine kleine Rose, meine über alles geliebte Tilda. Gott schenke Dir noch viele glückliche Tage.» Und auf dem andern stand: «Lebewohl, meine Tilda. Gott ist Liebe. Nimm das Kreuz und folge ihm nach, dein Leben lang.»

«Janice, diese Worte stickte deine Urgroßmutter Lund am 18. April 1874. Auf Erden werde ich nicht mehr erfahren, warum diese Botschaft meine Mutter nie erreichte, aber eines Tages werde ich es wissen. Wenn man bedenkt, daß ich nun nach hundert Jahren endlich die Antwort auf eine meiner Herzensfragen erhalte — unausgesprochene Worte der Liebe und Vergebung, mit winzigen Fäden kunstvoll gestickt! Diese kostbaren Stücke fand eine ältere Verwandte von mir und schickte sie mir hierher. Sie hatte wahrscheinlich keine Ahnung, was diese Botschaft für mich bedeuten würde, aber Gott wußte es!»

Die goldenen Fäden der Liebe, die uns alle verbinden, werden auch weiterhin eine Generation mit der anderen vereinen. «Herr, du bist unsere Zuflucht von Generation zu Generation.»

«Ich wünschte, mein Bruder Joe hätte das noch lesen können!» fügte Mama nachdenklich hinzu.

Ich habe meinen Onkel Joe als einen stattlichen, liebenswerten und äußerst erfolgreichen Geschäftsmann in New York in Erinnerung. Heute dachte Mama an ihren damals fünfeinhalb Jahre alten Bruder, der ihre Hand umklammerte, während sie zusehen mußten, wie ihre Mutter sie verließ und nach Amerika fuhr. Als Joe fünfzehn war, wanderte auch er nach Amerika aus und reifte in dem neuen Land zu einem Mann heran. Genau wie bei Mama wurde auch sein Glaube von Jahr zu Jahr fester. Später starben seine Frau und seine Tochter Esther, doch sein Glaube geriet nicht ins Wanken. Dann trat Tante Agatha wie ein Sonnenschein in Onkel Joes Einsamkeit, und die beiden wurden für uns alle zum Segen. Gott hat Onkel Joe vor einigen Jahren heimgeholt, aber Tante

Agatha bleibt unser geliebtes Bindeglied zur vorherigen Generation.

Mama brachte mich in die Gegenwart zurück: «Alles hat seine Zeit», meinte sie. «Erinnern hat seine Zeit und Vergessen hat seine Zeit. Zum Lieben und Vergeben hat man immer Zeit.»

Die Seidentüchlein in ihren Händen, fügte Mama liebevoll hinzu: «Dieses sind goldene Fäden, die meine Erinnerung an Husan vervollständigen — an das geliebte Husan und die Lunds. Sie sind jetzt alle daheim, Janice, und bald werde ich bei ihnen sein — in Gottes Husan.

Nun ist Weihnachten, eine Zeit der Freude. Genauso wie diese Botschaft der Liebe aus der Vergangenheit zu mir kam, so ist Gottes Botschaft der Liebe vor fast zweitausend Jahren in die Welt gekommen. ‹Denn also hat Gott die Welt geliebt, daß er seinen eingeborenen Sohn gab, damit alle, die an ihn glauben, nicht verloren werden, sondern das ewige Leben haben› (Johannes 3,16).

Aber jetzt ist es höchste Zeit für eine Tasse Kaffee!»

Kapitel dreiundzwanzig

Der Umschlag

«Vergiß bitte den Umschlag nicht, mein Kind.» Grace schob Mama weiche Kissen unter den schwachen Rücken und deckte ihre kalten Hände mit der gehäkelten Wollstola zu, die Joyce von Chicago geschickt hatte.

«Klar, Mama, ich werde dran denken.»

Schnee wirbelte und stob ums Haus. Überall auf den Straßen hatten sich hohe Verwehungen aufgetürmt. Der Verkehr kam zum Erliegen. Am Sonntag, dem 9. Januar 1977, wurde Greensboro, North Carolina, von einem außergewöhnlich schweren Schneesturm heimgesucht.

Jeanelle, die wir über Mamas schwächer werdendes Herz informiert hatten, befand sich auf der Herreise aus dem sonnigen Florida. Joyce, die uns ohnehin besuchen wollte, saß mit ihrem Sohn Steve, der an die Universität in North Carolina zurückmußte, im Flugzeug. Doris war schon vor dem Sturm eingetroffen. Grace, die in der Nähe wohnte, war wohlbehalten bei uns angekommen, bevor die Straßen unpassierbar wurden. Heute abend wollten Mamas Kinder zusammenkommen. Da der Strom zum Teil ausgefallen, die Telefonverbindungen unterbrochen und der Flugverkehr eingestellt worden waren, konnten wir nur noch warten und beten.

Mein Mann Harold sorgte dafür, daß das Feuer im Kamin immer genügend Nahrung hatte — und auf unserer hinteren Terrasse befanden sich hohe Holzstapel. Die Stromversorgung war noch nicht unterbrochen, und das Haus war warm.

Grace schaukelte sanft hin und her und summte alte vertraute Choräle, während der Sauerstoff leise blubberte, der
Mama das Atmen erleichtern sollte. Wie gut, daß ich Krankenschwester war und Mama bei mir daheim versorgen
konnte. Wie gut war Gott! Er ließ jeden von uns ein Stück von
Mamas «Strickjacke» festhalten; jeder von uns konnte ein
wenig für sie sorgen. Jeanelle und ihr Mann hatten einen Teil
der «Jacke» in Florida ergriffen, als Papa heimging. Doris und
David hatten für sie das Traumhaus in Stoneville gebaut.
Grace kümmerte sich um den geschäftlichen Teil.

Harold hatte unsere Mama mit einem warmen Kaminfeuer
und einer Tasse Tee willkommen geheißen. Howard hatte
Joyce zu Liebesdiensten in jedes Heim geschickt. Sie hatte
immer und überall ausgeholfen, wo Not am Mann war. Ob es
Hochzeiten waren oder Beerdigungen, Joyce war zur Stelle,
stets die rechte Hilfe zur rechten Zeit. Dieses Mal würden wir
alle zusammen sein.

Weihnachten hatten wir fröhlich mit der Familie und mit
Freunden verbracht. Grüße von den Enkelkindern flatterten
aus allen Himmelsrichtungen über Tausende von Kilometern
ins Haus: aus Deutschland, Oklahoma, New York, Massachusetts, Arkansas, Chicago, Virginia und Florida. Ein Höhepunkt war die Senioren-Weihnachtsfeier der First Baptist
Church von Stoneville, die in unserem Haus stattfand. Reverend Mr. Ward Burch führte durchs Programm, und Mama
las die Weihnachtsgeschichte und erfreute alle mit ihren Geschichten aus Kanada. Das abschließende Weihnachtslied
«Stille Nacht» klang noch in aller Ohren, als Mama dem
letzten fortfahrenden Auto nachwinkte, das die Brücke überquerte, die über den See führte. Mama wußte im stillen, daß es
für sie und viele ihrer Freunde bald eine andere Brücke zu
überqueren gab. «Nimm mich bei der Hand, Vater...»,
summte sie leise vor sich hin.

«Ich komme gerade von meiner Visite im Wesley Long

Hospital und wollte nochmal nach Mama sehen, bevor ich heimfahre.» Während Dr. Bruce Mamas Herztöne abhörte, tätschelte sie seine Hand und meinte: «Ich danke Ihnen, mein Lieber.»

«Ihr Zustand ist fast unverändert. Sorgt dafür, daß sie es bequem hat. Und vergeßt nicht, mein Jeep kommt überall durch!» Und schon war er im Schneegestöber verschwunden.

Wieder war ich mit meinen Gedanken beim Weihnachtsfest von neulich, und Mamas Worte klangen mir immer noch im Ohr: «Niemand kann so Weihnachten feiern wie die Norweger!» An Freunde und Angehörige hatte Mama beinahe zweihundert Weihnachtskarten verschickt. Auf jeder klebte ein Foto von ihr mit der aufgeschlagenen Bibel auf dem Schoß. Jeder Brief enthielt einen persönlichen Gruß.

Für jedes Familienmitglied hatte sie ein Geschenk vorgesehen: Wolldecken, Schals, Quilts oder etwas aus Porzellan. Für die bevorstehenden Geburtstage lagen schon Geburtstagsbriefe, jeweils mit einer Zwei-Dollar-Note versehen, bereit. Die Dankesschreiben auf ihre Weihnachtspost waren bereits verschickt. Jede Schublade aufgeräumt. Auf ihrem Schreibtisch lag nichts herum, der Handarbeitskorb war geschlossen. Die geöffnete Bibel lag, mit einem Lesezeichen, neben ihrem Bett. Sie wußte, wo sie beim letzten Mal aufgehört hatte. Vergangenes Jahr hatte Mama ihre Bibel viermal durchgelesen. Wenn ich ihr laut vorlas, fiel es ihr immer sofort auf, wenn ich einen Vers, oder auch ein Wort, überlas — sogar in den Geschlechtsregistern.

In ihrer Bibel verwahrte sie einen Brief, den ich ihr vor vielen Jahren geschickt hatte. Und doch hätte er von gestern sein können:

Zu Deinem Geburtstag, den 3. Mai 1952

Liebste Mutter!

*Gibt es einen schöneren Geburtstag? Mit diesem besonde-
ren Tag schlängelt sich ein langes, langes Schienenband in
das Land der Erinnerungen.*
*War es nicht erst gestern, als aufgeregte Stimmchen in der
Ecke über ein Geburtstagsgeschenk für Dich berieten? Wie
viele lange und glückliche Stunden stöberten wir in Billigst-
läden herum, ein paar Pennies in der Tasche. Das kann doch
gar nicht so lange her sein!*
*Erinnerst Du Dich noch an die schmuddeligen Glück-
wunschkarten, auf die wir unsere Namen gekritzelt hatten?
Wir versprachen Dir rosa Seidenkleider und Satinschuhe.
Kein Wunder, daß du damals geschmunzelt hast! Du wuß-
test, daß das Leben aus Baumwolle und Leder besteht, daß
Träume nicht immer wahr werden. Vielleicht werden
Deine Augen nie eine eigene Luxuswohnung bestaunen,
aber über alle Kilometer hinweg siehst Du Deine Kinder,
wie sie ihren Platz einnehmen, gesund und kräftig, im
Dienst für den Herrn. Deine Ohren werden keine Diamanten zieren, aber sie werden immer Worte der Liebe und der
Verehrung hören. Nerzstolen werden die Schultern anderer
Damen umschmeicheln, aber Du wirst immer die Stärke
junger Arme verspüren, wenn Deine Schultern schwächer
werden. Das rosa Seidenkleid wird eines Tages Dein Kleid
der Gerechtigkeit sein in all seiner Schönheit. Können Dia-
mantringe die Hand einer Mutter verschönern? Diese
Hand, die so sicher führen und gleichzeitig so zärtlich strei-
cheln konnte; die stark war, wenn andere Hände schwach
wurden? Der Gedanke an Deine gefalteten Hände gibt
irgendwie Mut für den kommenden Tag. Aber was ist mit
den müden Füßen in Satin-Pantoffeln? Wie viele endlose*

Kilometer haben diese Füße zurückgelegt beim Gang in die Kirche, den Krankenbesuchen, den Einkaufsrunden mit nur wenig Geld in der Tasche, durch Krankheitsnächte und auf Sorgenpfaden! Diese Füße gehen weiter, auf unzähligen Wegen durch Täler der Enttäuschung und über Hügel der Hoffnung, ja, sie erklimmen auch Siegesgipfel. Und wenn diese Füße einmal müde werden, dann warten sechs Schaukelstühle und Satin-Pantoffeln vor dem Kamin von sechs dankbaren Kindern.

Nun ist also heute Mutters Geburtstag, und was können wir schenken? Mit Gottes Hilfe schenken wir Dir sechs Kinder, die denselben Jesus lieben und ihm dienen, wie es ihre Mutter tut.

Deine Margaret

Der Sturm wütete ohne Unterlaß. Durch die gespenstige Stille donnerten die Tannen in den Wäldern wie Kanoneneinschläge zu Boden. Wir wachten und warteten. Die Stunden schienen uns unendlich lang. Plötzlich unterbrach das Klingeln des Telefons unser angespanntes Warten, und Grace jubelte: «Sie sind wohlbehalten in Raleigh und kommen mit einem Sondertransfer!» Vier Stunden später hörten wir Motorengeräusch und sahen die willkommenen Scheinwerfer über die Brücke des Sees kriechen.

Jeanelle zitterte mächtig in ihrer leichten Florida-Kleidung. Steve platzte gleich mit der Geschichte heraus, wie Jeanelle und Joyce auf dem Flughafen völlig unerwartet aufeinander getroffen waren. «Glaub mir, Tante Margaret, auf dem gesamten Flugplatz konnte man hören, wie die beiden aufeinander zustürmten und erstaunt riefen: «Ja, wie kommst du denn hierher?»

Es war zehn Uhr abends. Sie waren zwölf Stunden unterwegs gewesen, aber jetzt waren sie in Sicherheit und im Warmen. Doris hatte das Abendessen für sie warmgestellt.

Mama schaute auf, um alle ihre fünf Töchter anzusehen. Mit einem «Preist den Herrn» nickte sie ein, während der Sturm draußen immer ärger wütete und tobte.

Die erste Etage unseres Hauses glich dem Schlafsaal einer Jugendherberge. Quilts, Wolldecken und offene Koffer bedeckten den gesamten Boden. Irgendwie spürten wir, daß dies ein besonderer Anlaß war, und fühlten das Band der Liebe, das uns eng zusammenhielt. Wir vereinbarten, abwechselnd bei Mama zu wachen. Ich übernahm die erste Nachtwache.

Im Haus war es still, nur die Holzscheite knisterten im Kamin. Harold holte noch mehr von der Veranda herein; für den Fall, daß der Strom ausfallen sollte.

Ich nahm Mama zärtlich in den Arm und betete für sie. Dann deckte ich sie zu, wie ein zerbrechliches Kind. Die Medikamente und der Sauerstoff linderten ihre Beschwerden, und schon bald war sie eingeschlafen. Ich saß in ihrem Stuhl und schaukelte. Nachtwache war mir nichts Fremdes.

Unzählige Stunden hatte ich schon neben den Betten schwerkranker Patienten verbracht und dabei bemerkt, wie wenige unter ihnen wirklich Vorbereitungen für ihre Heimreise getroffen hatten. Ich mußte an die vielen Briefe Mamas denken, die ihre Botschaft in vertrauter Schrift meilenweit zu ihren Kindern getragen und dadurch deren Glauben gestärkt hatten. Aber auch an die Briefe, die sie jedem ihrer Enkelkinder geschrieben hatte:

Dezember 1969

Lieber Dan!

Großpapa und ich haben uns überlegt, daß dieses Weihnachtsfest der richtige Zeitpunkt dafür ist, allen sechzehn Enkelkindern und unserem ersten Urenkelkind, der klei-

nen Heather Dawne, die ihr erstes Weihnachtsfest erlebt,
unser bescheidenes Erbe auszuteilen, das wir vor einiger
Zeit beiseite gelegt haben. Das beigefügte festverzinsliche
Wertpapier ist kein Vermögen, aber wir möchten Dir damit
zeigen, daß wir Dich liebhaben und Dir das Beste für Dein
Leben wünschen. Das Allerbeste ist, den Herrn Jesus als
seinen eigenen Retter zu kennen und für ihn zu leben.
Bewahre das Wertpapier an einem sicheren Ort auf —
zumindest bis Du mündig bist —, um es dann für etwas
Besonderes zu verwenden. Als ich vier Jahre alt war, starb
meine Großmutter. Auch sie hatte etwas Geld für mich
zurückgelegt, das ich für meine Hochzeit verwandte, als ich
einundzwanzig war. In Sprüche 13,22 heißt es: «Der Gute
wird vererben auf Kindeskind.» Lege diesen Brief zu Dei-
nem Wertpapier. Der Herr segne Dich!

In Liebe
Deine Großmutter Ella Tweten

Und dann jener Abend vor nicht allzu langer Zeit, an dem sie
ihre fünf Töchter bat, sich zu ihr zu setzen. Als sie jedem von
uns einen Briefumschlag aushändigte, wußten wir, daß sie uns
etwas Besonderes sagen wollte. «Es ist gut, seinen Kindern
ein Erbe zu hinterlassen», sagte sie. Jeder Umschlag enthielt
fünfhundert Dollar. «Es ist gut, sein Leben nach Gottes Ge-
boten auszurichten.»
Obwohl Gordon nicht mehr lebte, schloß Mama Alice,
seine Frau, in das Erbe mit ein. Die Antwort von Alice las
Mama uns vor:

Brooklyn, New York
November 1976

Liebe Mama!

Wir öffneten Deinen Brief mit dem Scheck am Thanks-giving-Tag, als wir alle beieinander waren. Du hättest die Gesichter und die Reaktionen darauf sehen sollen! Sie waren ein Foto wert. Der Herr sprach zu mir: «Siehst du, Alice, die Liebe ist ohne Ende. Du hast menschliche Liebe kennengelernt. Menschliche Liebe vergeht, aber meine Liebe wird ewig fortdauern durch meinen Sohn.»

Ich danke Dir, Mor, für die Liebe Jesu, die durch Dich hindurchströmt und die die Herzen unserer Familie berührte. Nur Gott weiß, was Deine Liebesgabe für uns bedeutet.

Jeg Elsker Dey (ich liebe Dich)
Alice

Ich öffnete Mamas Bibel und las: «Du aber bleibe bei dem, was du gelernt hast und was dir anvertraut ist; du weißt ja, von wem du gelernt hast und daß du von Kind auf die heilige Schrift kennst, die dich unterweisen kann zur Seligkeit durch den Glauben an Christus Jesus» (2. Timotheus 3,14 und 15). «Denn ich werde schon geopfert, und die Zeit meines Hinscheidens ist gekommen. Ich habe den guten Kampf gekämpft, ich habe den Lauf vollendet, ich habe Glauben gehalten; hinfort liegt für mich bereit die Krone der Gerechtigkeit, die mir der Herr, der gerechte Richter, an jenem Tag geben wird, nicht aber mir allein, sondern auch allen, die seine Erscheinung liebhaben» (2. Timotheus 4,6 und 7).

Ich schloß die Bibel und las einen weiteren Brief, den ich gefunden hatte.

Mutters Gebete für ihre Kinder
November 1975 (Jeanelle)

Mutter und ich verbrachten einen ruhigen Morgen zusammen in ihrem Haus. Wir hatten schon in aller Frühe gefrühstückt und begaben uns dann ins Wohnzimmer, wo Mama sich im Schaukelstuhl niederließ und ich es mir auf dem Boden neben ihr bequem machte. Wir redeten über vieles, insbesondere darüber, daß sie vielleicht schon bald «heimgehen» würde. Über die Patriarchen im Alten Testament sprachen wir, die offensichtlich gewußt hatten, wann es für sie an der Zeit war, die Erde zu verlassen. Sie trafen Vorbereitungen für ihre Familien, indem sie füreinander beteten und jeden mit einem besonderen Segen bedachten. Während wir uns unterhielten, schien uns Gott die gleichen Gedanken zu geben, denn als ich sagte: «Mutter, wie wäre es, wenn Gott dir ein besonderes Gebet oder einen besonderen Segen für jede deiner fünf Töchter geben würde?», kam ihre Antwort ganz spontan: «Das wäre wunderbar! O ja, irgendwie glaube ich, daß er das vielleicht tun möchte.»
Wie die alten Patriarchen ließ Mama jeder Tochter ein besonderes Segensgebet zukommen. Mama, mit ihrem Sinn für Ordnung, hatte nicht nur jedem Kind ein irdisches Erbe in die Hand gelegt, sondern in unsere Herzen ihren Segen des Glaubens gelegt.

Lange bevor der Morgen sein erstes Licht über den gefrorenen See und die Schneemassen schickte, schlich Grace die Treppe hinunter und nahm meinen Platz ein. Ich schlief tief und fest, bis Leben in den Schlafsaal über mir kam und der Geruch von Kaffee und gebratenem Schinken in meine Nase drang. Joyce bereitete für uns Mamas norwegische Pfannkuchen zu. Dies brachte mich schnell aus den Federn. Der Sturm schnitt uns von der Außenwelt ab.

Durch die gute Nachtruhe fühlte sich Mama gestärkt, und wir konnten sie im Bett aufsetzen. Wir holten unsere Kaffeetassen an ihr Bett, um ihr Gesellschaft zu leisten. Einer nach dem anderen las einen Abschnitt aus der Bibel vor. Zwischendurch sangen wir ihre Lieblingslieder, manche in ungelenkem Norwegisch. Wir dankten Mama für ihre Liebe, und dann wurde wieder unter Tränen und Lachen erzählt. Einmal blickte sie uns an und sagte: «Meine Eskorte zum Himmel.» Ein andermal sagte sie: «Ich liebe ihn», und wir fügten schnell hinzu: «Ja sicher, Mama, du liebst den Herrn Jesus.» Mit einem Zwinkern in den Augen meinte sie: «Ich sprach gerade von Papa.»

Es gab fröhliche Stunden um das Klavier herum und ruhige Augenblicke, wenn wir Mama etwas vorlasen. Wir badeten sie, zogen ihr das weiche, rosa Nachthemd an und richteten sie in den Kissen auf. Wie von selbst faltete sie ihre Hände zum Gebet, wenn wir ihr eine Tasse an die Lippen hielten. In der Liebe ihrer Kinder fühlte sie sich geborgen.

Am Donnerstag waren die Straßen wieder befahrbar, und Pastor Wilson Stewart kam uns besuchen, um eine Abendmahlsfeier mit uns zu halten. Zum Abschluß sangen wir: «Güte und Barmherzigkeit werden mir folgen mein Leben lang.»

In der Nacht, Harold wachte an ihrem Bett, rief Mama: «Mor, Mor!» mit dem Schrei eines Kindes. Ein andermal sprach sie mit den Kindern im Kinderheim. Freitagmorgen war sie sehr schwach, doch sie nahm noch wahr, daß wir Kinder bei ihr waren. Der Sturm war verstummt, der Schnee lag hoch aufgetürmt gegen Hecken und Zäune.

Am Abend schlüpfte unser jüngster Sohn Ralph ins Zimmer, gab Mama einen sanften Kuß und sagte, während er ihr mit der Hand über die Stirn strich: «Hier ist Ralph, ich hab dich lieb, Großmama.» Sie murmelte leise: «Ja, preist den Herrn.»

Wir sangen einen alten Chorus aus dem Instrumentalkreis:

«I will meet you in the morning, just inside the Eastern Gate» (Am Morgen werde ich dir im Goldenen Tor begegnen). Und dann noch ein Lied auf norwegisch: «Er wird die Perlentore öffnen.»

Ein stiller Friede breitete sich über unserem Haus aus, wir waren in den warmen Glanz der Liebe gehüllt. Sacht und leise ging Mama Jesus entgegen. Wir fühlten die Berührung seiner Hand, als wir uns erhoben. Wir faßten uns bei den Händen und sangen: «Praise God, from whom all blessings flow» (Preist den Herrn, von dem aller Segen kommt).

Mama war heimgegangen, um ihrem König zu begegnen.

Am Sonntagmorgen klangen die Kirchenglocken über den gefrorenen Schnee. In Wollschals und Wintermäntel gehüllt, trotzten die Gottesdienstbesucher dem eisigen Wind und strebten in die First Baptist Church in Stoneville, um dem Gottesdienst beizuwohnen.

Joyce und Grace saßen an Mamas Platz. Pastor Ward Burch machte folgende Abkündigung:

«Unsere geliebte Freundin, Elvine Tweten, ist am Freitag, dem 14. Januar, um 19.45 Uhr heimgegangen zu ihrem Herrn und Heiland. Der Gedenkgottesdienst wird heute nachmittag um 14 Uhr in dieser Kirche stattfinden. Wir wollen ihre Angehörigen unserer Anteilnahme versichern und sie in unsere Fürbitte einschließen.»

Als die Gemeindeältesten durch den Mittelgang schritten, um die Kollekte einzusammeln, fiel Joyce ein, wie Mama zu Grace gesagt hatte: «Vergiß den Umschlag nicht, mein Kind.»

Im Gedenken daran legte Joyce Mamas Opfergabe in den Teller. Mamas Opfer für Gott — ein Leben aus Glauben. Mamas Opfer auf Erden — die Arbeit ihrer Hände.

«Wahrlich, ich sage euch: Diese... hat... ihre ganze Habe eingelegt, alles, was sie zum Leben hatte» (Markus 12,44).

Ein herzliches Dankeschön

Meinem Mann Harold, der die Gabe der Schriftdeutung haben mußte, um mein Gekritzel auf die Schreibmaschine zu übertragen. Er versorgte mich unermüdlich mit Stiften und gelben Notizblöcken. In seinen Augen war ich die beste Geschichtenerzählerin, und weil ich ihm glaubte, habe ich weitergeschrieben.

Meiner geliebten Tochter Janice Jensen Carlberg, die eine Quelle der Freude und Ermutigung für ihre Familie ist. Sie ist nicht nur eine gute Ehefrau und Mutter, sondern auch eine begabte Autorin, die ihre Worte voller Glauben über weite Distanzen an finstere Orte schickt, um dorthin Licht zu bringen, wo Zweifel sich breitmacht. Jan ermutigte mich immer wieder, mich selbst zu sein und meine Geschichten auf meine Art und Weise zu erzählen. UND DAS TAT ICH DANN AUCH!

Christine Fisher Jensen, Gottes speziellem Geschenk für unseren jüngsten Sohn Ralph. In ihr hat Jan nicht allein eine Schwester gefunden, sie ist darüber hinaus eine besondere Freudengabe für die ganze Familie. Chris läßt alles stehen und liegen — auch wenn sie mitten im Abwasch steckt — und stellt sich als Zuhörer für die endlosen Geschichten ihrer Mom zur Verfügung.

Dale Hanson Bourke und Kelsey Menehen von *Today's Christian Woman*, die den Mut hatten, meine Kurzgeschichten zu veröffentlichen und mich dadurch zum Weiterschreiben veranlaßten.

Dr. Gordon Macdonald, Pastor der Grace Chapel, Lexington, Massachusetts, für sein Ermutigen und den Titelvorschlag: «First We Have Coffee».

Dr. R. Judson Carlberg (meinem Schwiegersohn), Lehrer am Gordon College, Wenham, Massachusetts, der mich zu meinem ersten Schriftsteller-Seminar am Gordon College drängte. Vielleicht hatte er ja insgeheim darauf gehofft, daß ich anschließend meine Geschichten niederschreiben würde, um sie sich daraufhin nicht immer und immer wieder anhören zu müssen!

Leslie H. Stobbe, Verlagsdirektor der *Here's Life Publishers, Inc.*, der im Glauben und nicht im Schauen wandelte und es wagte, sich durch meine Worte einen Weg zu bahnen — und damit einen Traum verwirklichte.

Evelyn Bence, Autorin, Herausgeberin, Dichterin und meine Lehrerin, die den Mut hatte, einen Abschnitt zu streichen — und die Weisheit, einen anderen hinzuzufügen.

Von derselben Autorin:

Lena, Symphonie in Schwarz

An ihrer Schulter weinten sie sich aus,
an ihren Worten richteten sie sich auf

170 Seiten, ABCteam Geschenkband Nr. 1569

Wir befinden uns in Greensboro, North Carolina: Lena Rogers, die schwarze College-Köchin, ist eine einfache Frau, aber ein echtes Original. Mit ihrem robusten, urwüchsigen Glauben wird sie zur »College-Mutter«, zur Seele der gesamten Krankenstation.

Viele Studentinnen und Studenten kommen in ihre Küche und weinen sich an ihrer Schulter aus. Erleichtert – und von Lena mit einem Käsetoast und einem geistlichen Rat ausgerüstet – stellen sie sich neu den Herausforderungen des Lebens. Denn auf einmal sieht alles nur noch halb so schlimm aus!

Lena begleitet auch die Autorin, Margaret Jensen, auf der dunkelsten Strecke ihres Weges, als deren Sohn Ralph von der Drogen-Szene und der Anti-Vietnam-Bewegung verschluckt wird. Diese schwarze Köchin glaubt und hofft stellvertretend für eine Mutter, die in der Angst um ihren Sohn in Hoffnungslosigkeit versinkt und sich angesichts seiner Rebellion fragt, was sie in der Erziehung wohl falsch gemacht habe.

Die wahre Geschichte einer großartigen Frau, die ihren Herrn sehr, sehr ernst nahm.

Ein Buch voller Wärme und Dramatik, einfühlsam und überaus humorvoll geschrieben.

Brunnen-Verlag · Basel und Gießen

Von derselben Autorin:

Blumen für Zimmer zwölf

Episoden aus dem Amerika der dreißiger Jahre

160 Seiten, ABCteam Geschenkband Nr. 1577

Am 19. Februar 1934 beginnt Margaret Tweten, siebzehnjährige Predigerstochter, ihre Ausbildung im Norwegisch-Amerikanischen Krankenhaus von Chicago, USA. Und *wie* sie das tut! Für alle Patienten, Ärzte und Mitarbeiter hat sie ein tröstendes Wort, ein beruhigendes Lächeln oder eine herzerfrischende Geschichte auf Lager. Und das ist auch dringend nötig: Dem schwer geforderten Personal bleibt nämlich nicht viel mehr übrig, als den Patienten ausdauernd und unermüdlich Hoffnung, Lebensmut und Glauben zuzusprechen. Denn in jener Zeit gibt es weder Chemotherapien noch Antibiotika noch sonstige teure Medikamente ...

Margaret Tweten (später Jensen) beherrscht diese Seite des Lebens ganz hervorragend: «Blondie» ist bald die fröhliche, geschätzte Mutmacherin des ganzen Hauses, der sich auch die gestrenge Oberin, Miss Rosie (genannt «der General»), geschlagen geben muß. Genauso übrigens wie der alte Mister Zeb, der im Nachthemd über die Feuerleiter entkommen will ...

Von der ersten bis zur letzten Seite ein einfühlsames, mutmachendes, typisches Jensen-Buch!

Brunnen-Verlag · Basel und Gießen